Destins tordus

Du même auteur

dans la même collection

Dieu, Shakespeare et Moi

Pour en finir une bonne fois
pour toutes avec la culture

Woody Allen

Destins tordus

TRADUIT DE L'AMÉRICAIN
PAR MICHEL LEBRUN

Robert Laffont

COLLECTION DIRIGÉE PAR NICOLE VIMARD,
AVEC EDMOND BLANC ET CLAUDE DUNETON

EN COUVERTURE : photo Sereny-Sygma

Titre original : *Side Effects*
Éditeur original : Random House, New York
ISBN original : 0-394-51104-2

ISBN 2-02-009871-7
(ISBN 2-221-00713-1, 1ʳᵉ publication)

© Woody Allen, 1975, 1976, 1977, 1979, 1981

© Robert Laffont, 1981, pour la traduction française

In Memoriam

Un mois déjà s'est écoulé, et j'ai toujours du mal à croire que Sandor Needleman est mort. J'ai pourtant assisté à sa crémation ; à la demande de son fils, j'avais même apporté les saucisses, mais nous ne pensions qu'à notre douleur.

Needleman avait constamment été obsédé par l'arrangement de ses funérailles. Il m'avait déclaré un jour : « Je préfère l'incinération à l'enterrement, et les deux à un week-end avec ma femme. » Il finit par choisir la crémation et fit don de ses cendres à l'Université de Heidelberg, qui les dispersa aux quatre points cardinaux, puis engagea l'urne au Mont-de-piété.

Il me semble le voir encore, avec son costume froissé et son sweater gris. La tête remplie de sujets fondamentaux, il oubliait fréquemment d'ôter le cintre avant d'enfiler son veston. Comme je lui rappelais cette distraction un jour, lors d'une remise de diplômes à Princeton, il sourit tranquillement et dit : « Très bien. Laissons croire à mes contradicteurs qu'au moins j'ai les épaules larges. » Deux jours plus tard, il fut interné à Bellevue pour avoir tressailli pendant un colloque avec Stravinsky.

Needleman souffrit toujours de l'incompréhension. On prenait sa réserve pour de la froideur, mais il avait en lui des trésors de compassion ; un jour, après avoir assisté à une catastrophe minière particulièrement épouvantable, il fut incapable d'achever une deuxième portion de gaufres. Son mutisme, de même, déroutait ses interlocuteurs, mais il considérait la parole comme une méthode de communication défectueuse et préférait tenir ses conversations les plus intimes par le truchement de l'alphabet morse.

Quand il fut congédié de sa chaire à l'Université Columbia à la suite de sa polémique avec le directeur de l'établissement, qui était à l'époque Dwight Eisenhower, il attendit à la porte le célèbre ex-général avec une tapette et le battit jusqu'à ce qu'Eisenhower coure se réfugier dans un magasin de jouets. (Les deux hommes s'étaient violemment opposés en public au sujet de la cloche qui sonnait entre deux heures de cours. Pour l'un, elle signalait la fin d'un cours, pour l'autre le commencement du cours suivant.)

Needleman avait toujours eu l'espoir d'une mort paisible. « Parmi mes livres et mes papiers, comme mon frère Johann. » (Le frère de Needleman était mort d'étouffement dans un tiroir de son bureau tandis qu'il cherchait son dictionnaire de rimes.)

Qui eût pu penser que Needleman, alors qu'il

regardait tranquillement la démolition d'un immeuble pendant son heure de déjeuner, serait frappé sur la tête par la flèche d'une grue ? Le coup fut inattendu et Needleman expira avec un grand sourire. Ses dernières paroles, ô combien énigmatiques, furent : « Non, merci, pas de pingouin, j'en ai déjà un. »

Au moment de son trépas, Needleman travaillait, comme toujours, sur plusieurs choses. Il élaborait une éthique ayant pour base sa théorie selon laquelle « un comportement bon et honnête n'est pas seulement moral, mais peut également être pratiqué par téléphone ». Il avait aussi écrit à moitié une nouvelle théorie de sémantique démontrant (il insistait beaucoup sur ce point) que la parole est innée mais que le gémissement est acquis. Il mettait enfin la dernière main à un nouveau livre sur l'Holocauste. En édition expurgée. Needleman avait toujours été obsédé par le problème du mal, et démontrait avec une réelle force de conviction que le véritable mal n'était possible que s'il était perpétré par un nommé Blackie ou Pete. On se souvient que son propre flirt avec le National-Socialisme avait fait scandale dans les milieux intellectuels, bien que, malgré tous ses efforts, il n'ait jamais réussi à maîtriser le pas de l'oie.

Le nazisme n'avait été pour lui qu'une simple réaction contre la philosophie académique, une position paradoxale adoptée principalement pour enquiquiner ses amis. Après quoi, il leur chatouillait le visage avec une feinte excitation et s'écriait : « Ah, ah ! Poisson d'avril ! » Bien sûr, il est facile de critiquer sa prise de position sur Hitler de prime abord, mais il faut tenir compte de ses propres écrits philosophiques. Il avait réfuté l'ontologie contemporaine et affirmait que l'être humain avait précédé l'Infini, même s'il n'était pas encore muni de toutes les options. Il faisait une différence essentielle entre l'existence et l'Existence, certain que l'une était préférable à l'autre, mais sans jamais se rappeler laquelle. Pour Needleman, le libre arbitre consistait à avoir conscience de l'absurdité de la vie. « Dieu reste muet, se plaisait-il à dire, si seulement nous pouvions convaincre l'homme d'en faire autant. »

L'Existence véritable, selon Needleman, ne pouvait se pratiquer que pendant le week-end, et nécessitait l'emploi d'une automobile. L'homme, d'après Needleman, n'était pas une « chose » extérieure à la nature, mais en faisait étroitement partie, et ne pouvait observer sa propre existence, à moins de ne feindre d'abord l'indifférence, puis de courir le plus vite possible à l'autre extrémité de la pièce dans l'espoir de s'apercevoir par surprise.

Pour qualifier l'évolution de l'espèce humaine, il utilisait l'expression *Angst Zeit*, qui signifie en traduction libre « temps d'anxiété » et suggérait que l'homme était une créature prédestinée à exister dans son époque, même si ce n'était pas là qu'on rigolait le plus. Après mûre réflexion, l'intégrité intellectuelle de Needleman le convainquit qu'il n'existait pas, que ses amis n'existaient pas, et que la seule chose qui fût bien réelle était son découvert de six millions de marks à la banque. De là vint son admiration pour la théorie national-socialiste du pouvoir, car, ainsi qu'il le disait : « J'ai pour ces chemises brunes le regard de Chimène. » Quand il lui apparut que le National-Socialisme était exactement le genre de menace qu'il réprouvait, il quitta Berlin.

Camouflé en buisson d'aubépine et se déplaçant en crabe, trois pas rapides à la fois, il réussit à franchir la frontière sans attirer l'attention.

Needleman sillonna alors l'Europe, et partout où il allait, étudiants et intellectuels, impressionnés par sa réputation, lui venaient en aide. Sur sa lancée, il trouva le temps de publier *Temps, essence et réalité (Réévaluation systématique du néant)* et son délicieux traité *Les meilleurs endroits où manger pas cher en exil.* Chaim Weizmann et Martin Buber entamèrent une collecte et firent signer des pétitions pour permettre à Needleman d'émigrer aux États-Unis, mais l'hôtel qu'il avait choisi était complet. Quand les soldats allemands se rapprochèrent de sa cachette à Prague, Needleman se résigna finalement à gagner l'Amérique, mais un incident se produisit à l'aéroport, en raison de son excédent de bagages. Albert Einstein, qui prenait le même avion, lui expliqua que s'il ôtait les embauchoirs de ses chaussures, il pourrait marcher plus commodément. À dater de ce jour, les deux hommes correspondirent fréquemment. Un jour, Einstein lui écrivit : « Vos travaux et les miens sont tout à fait similaires, bien que je ne les connaisse pas avec exactitude. »

Une fois en Amérique, Needleman redevint un objet de controverse. Il publia d'abord son fameux *Que faire si le non-être vous attaque subitement ?* puis son œuvre classique sur la philosophie linguistique *L'essence n'est pas essentielle pour fonctionner,* qui fut portée à l'écran sous le titre *Trente secondes sur Tokyo.*

Comme il se doit, on lui demanda de démissionner d'Harvard après son affiliation au Parti Communiste. Il avait la conviction que seul un système social sans inégalités économiques pouvait apporter une liberté réelle, et citait la fourmilière en exemple de société modèle. Il pouvait observer les fourmis pendant des heures, puis déclarait pensivement : « Elles sont réellement en harmonie. Si seulement leurs femelles étaient plus jolies, il n'y aurait rien à redire. » Quand Needleman fut convoqué devant la Commission des activités antiaméricaines, il dénonça de nombreuses personnes, puis se justifia auprès de ses amis en citant sa propre philosophie : « Les activités politiques n'ont pas de conséquences morales, mais existent hors du domaine de l'Existence réelle. » Pour une fois, la communauté universitaire resta sur une position défensive, et peu de temps après, la faculté de Princeton décida que Needleman serait roulé dans le goudron et la plume. Incidemment, Needleman utilisa le même raisonnement pour justifier sa conception de l'amour libre, mais les deux jeunes étudiantes refusèrent de collaborer, et l'une d'elles, celle qui venait d'avoir seize ans, le dénonça.

Needleman se passionna alors pour l'arrêt des expériences nucléaires et fila à Los Alamos, où lui et une bande d'étudiants refusèrent de quitter l'emplacement prévu pour une explosion atomique. Alors que le compte à rebours se déroulait, et qu'il devenait évident que l'expérience aurait quand même lieu on entendit Needleman murmurer « oh, oh » puis il se mit à courir comme un dératé. Les journaux s'abstinrent de révéler qu'il n'avait rien mangé de la journée.

Tout le monde se rappelle le Needleman homme public : brillant, célèbre, auteur du *Traité du dandysme*. Mais c'est le Needleman secret que j'évoque toujours avec émotion, le Sandor Needleman qu'on ne voyait jamais sans son chapeau favori. Par le fait, il fut incinéré avec son chapeau sur la tête, événement sans précédent d'après moi. Ou encore le Needleman qui aimait si passionnément les films de Walt Disney, et qui, malgré les explications techniques que lui avait fournies Max Plank sur le dessin animé, essaya très longtemps d'obtenir personnellement Minnie Mouse au téléphone.

Il arrivait que Needleman séjournât chez moi. Sachant qu'il affectionnait une marque particulière de thon en boîte, j'en remplis le garde-manger à son intention. Il était bien trop timide pour admettre en ma présence cette petite faiblesse, mais un jour, se croyant seul, il ouvrit toutes les boîtes et murmura rêveusement : « Vous êtes tous mes enfants. »

Alors que nous étions à l'Opéra de Milan avec ma fille, Needleman, à force de se pencher sur le bord de la loge, tomba dans la fosse d'orchestre. Trop fier pour admettre qu'il s'agissait d'une maladresse, il assista à toutes les représentations pendant un mois, rééditant sa chute chaque fois. Mais bientôt il souffrit d'une légère commotion cérébrale. Je lui fis remarquer qu'il pouvait cesser de tomber, ayant largement fait la preuve de son point de vue. Il répondit : « Non. Encore un peu. Ce n'est pas si terrible. »

Je me rappelle le soixante-dixième anniversaire de Needleman. Sa femme lui avait offert un pyjama. Needleman ne cacha pas sa déception, ayant espéré une nouvelle Mercedes. Cependant, et c'est typique de l'homme, il se retira dans son cabinet de travail pour s'y livrer en privé à sa crise de nerfs. Il rejoignit la réception dans une humeur excellente, et porta son pyjama pour la première de deux courtes pièces d'Arrabal.

Le condamné

Brisseau dormait au clair de lune. Étendu sur le dos dans son lit, avec son volumineux estomac le surplombant et sa bouche esquissant un sourire stupide, il évoquait quelque objet sans âme, comme un ballon de football ou deux billets pour l'Opéra. Au bout d'un moment, quand il se retourna et que la lumière nocturne sembla l'atteindre sous un angle différent, il se mit à ressembler exactement à un service d'argenterie de vingt-sept pièces, complet avec saladier et soupière.

Il rêve, se dit Cloquet en se penchant sur lui, revolver en main. *Lui* rêve, et moi j'existe dans la réalité. Cloquet haïssait la réalité, mais admettait que c'était quand même le seul endroit où se faire servir un bon steak. Il n'avait encore jamais pris une vie humaine. Certes, il avait une fois abattu un chien enragé, mais seulement après qu'il eut été certifié tel par une assemblée de psychiatres. (Le chien avait été reconnu maniaco-dépressif après avoir tenté d'arracher le nez de Cloquet, puis avoir éclaté d'un rire inextinguible.)

Dans son rêve, Brisseau se trouvait sur une plage ensoleillée, courant joyeusement vers les bras grands ouverts de sa mère, mais au moment précis où il commençait d'embrasser la brave dame aux cheveux gris, elle se changea en deux coupes de glace à la vanille. Brisseau gémit et Cloquet abaissa son arme. Il était entré par la fenêtre, et se tenait immobile auprès de Brisseau depuis plus de deux heures, incapable d'appuyer sur la détente. Une fois, il avait soulevé le percuteur et inséré l'extrémité du canon dans l'oreille de Brisseau. Alors il y avait eu un bruit à la porte, et Cloquet avait bondi derrière la commode, laissant le revolver planté dans l'oreille de Brisseau.

Madame Brisseau, qui était vêtue d'un peignoir de bain à ramages, pénétra dans la chambre, alluma la lampe de chevet et remarqua le revolver protubérant sur le côté de la tête de son mari. Avec des gestes quasi maternels, elle l'ôta en soupirant, et le glissa sous l'oreiller. Elle lissa un pli de la couverture, éteignit la lampe et sortit.

Cloquet, qui s'était évanoui, reprit connaissance une heure plus tard. Pendant une minute angoissante, il s'imagina qu'il était redevenu enfant, et se trouvait à nouveau sur la Riviera, mais quand un quart d'heure se fut écoulé sans qu'il vît un seul touriste, il prit conscience qu'il se trouvait toujours derrière la commode de Brisseau. Il revint auprès du lit, saisit le revolver et le braqua à nouveau sur la tête de Brisseau, mais il se sentait toujours incapable de tirer la balle qui mettrait fin à la vie de l'infâme traître fasciste.

Gaston Brisseau, qui était issu d'une riche famille conservatrice, avait très jeune décidé de devenir traître professionnel. Dans sa prime adolescence, il avait pris des leçons d'élocution de façon à pouvoir trahir plus clairement. Un jour, il avait confessé à Cloquet :

— Dieu ! Que j'aime cancaner sur les gens !

— Mais pourquoi ? avait demandé Cloquet.

— Je ne sais pas. Pour les détruire, les diffamer...

Brisseau vendait ses amis pour le plaisir, songea Cloquet. Crime irrémédiable ! Cloquet avait jadis connu un Algérien qui aimait frapper les gens sur la tête par-derrière, puis niait en souriant. Il semblait que le monde fût divisé entre bons et méchants. Les bons dormaient mieux, pensait Cloquet, mais les méchants profitaient beaucoup plus de leurs heures de veille.

Cloquet et Brisseau s'étaient rencontrés des années auparavant, dans des circonstances dramatiques. Un soir, Brisseau s'était saoulé aux Deux Magots et titubait en direction de la Seine. Se croyant déjà rentré chez lui, il ôta ses vêtements, mais au lieu de plonger dans les draps, il plongea dans le fleuve. Quand il voulut tirer les couvertures et ne trouva qu'une poignée d'eau, il se mit à crier. Cloquet, qui à cet instant même, pourchassait sa moumoute sur le Pont-Neuf, entendit une plainte provenant de l'eau glaciale. La nuit était noire et venteuse, et Cloquet n'avait qu'une fraction de seconde pour décider s'il allait risquer sa vie pour sauver celle d'un parfait étranger. Craignant de prendre ce genre de décision capitale l'estomac vide, il alla dîner au restaurant. Puis, bourrelé de remords, il fit l'emplette d'un attirail de pêche et revint au bord du fleuve pour repêcher Brisseau. D'abord, il essaya à la mouche, mais Brisseau fut trop malin pour se laisser prendre, si bien qu'à la fin Cloquet fut obligé d'appâter Brisseau par l'offre d'une série de cours de danse gratuits, puis de le capturer à l'épuisette. Alors qu'il pesait et mesurait sa prise, les deux hommes devinrent amis.

À présent, Cloquet se rapprochait de la carcasse endormie de Brisseau, et armait de nouveau le revolver. Un sentiment de nausée s'empara de lui tandis qu'il évaluait les implications de son acte. C'était une nausée existentielle, provoquée par l'intense sentiment de la contingence de l'être, et qu'on ne pouvait soigner avec un banal Alka-Seltzer. Il fallait pour le moins un Alka-Seltzer existentiel, produit qu'on ne trouvait que dans certaines pharmacies de la Rive gauche. C'était un énorme comprimé, de la taille d'un enjoliveur de voiture, qui, une fois dissous dans de l'eau, chassait la nauséeuse sensation provoquée par le trop-plein de sentiment de contingence. Cloquet en avait aussi éprouvé les bienfaits après avoir mangé de la cuisine mexicaine.

Si je choisis de tuer Brisseau, pensa maintenant Cloquet, je me définis moi-même comme un meurtrier. Je deviendrai le Cloquet qui tue, et non plus ce que je suis en réalité : le Cloquet qui enseigne la psychologie des poulets à la Sorbonne. En décidant cet acte, je le décide au nom de l'humanité tout entière. Mais que se passerait-il si tous les gens du monde adoptaient le même comportement et arrivaient ici pour tirer un coup de revolver dans l'oreille de Brisseau ? Quelle foule dans cette chambre ! Sans parler du boucan que ferait la sonnette toute la nuit. Et il faudrait embaucher quelqu'un pour parquer les voitures. Ah, Dieu, comme l'esprit peut hésiter dès qu'il se préoccupe de considérations morales ou éthiques ! Mieux vaut ne pas trop penser. Se reposer davantage sur le corps : il est plus digne de confiance. Il pointe aux réunions, il a bonne allure en survêtement, et quand on a envie d'un bon massage, il est toujours là.

Cloquet éprouva la nécessité soudaine de confirmer sa propre existence, et regarda dans le miroir placé au-dessus de la commode de Brisseau. (Il ne pouvait jamais passer devant une glace sans y jeter un coup d'œil ; une fois même à la piscine, il s'était regardé dans le bassin si longtemps que la direction avait été forcée de le vider.) Ce fut inutile. Il était incapable de tuer un homme. Laissant tomber le revolver, il s'enfuit.

Une fois dans la rue, il décida d'aller à La Coupole prendre un cognac. Il aimait La Coupole parce que la salle était toujours animée et bien éclairée, et qu'il pouvait facilement y obtenir une table, contrairement à son appartement, sombre, triste, et où sa mère, qui y vivait avec lui, refusait toujours qu'il s'assoie. Mais ce soir, La Coupole était bondée. Qui sont tous ces visages, se demanda Cloquet. Ils semblent se fondre en une abstraction : « Les Gens ». Mais il n'y a pas de gens, pensa-t-il, rien que des individus. Cloquet trouva cette formule brillante, il pourrait s'en resservir pour faire impression dans un dîner mondain. C'est à cause d'observations du même genre qu'on ne l'invitait plus dans le monde depuis 1931.

Il décida d'aller chez Juliette.

— L'as-tu tué ? demanda-t-elle quand il entra dans l'appartement.

— Oui, dit Cloquet.

— Es-tu certain qu'il est bien mort ?

— Il semblait mort. Je lui ai fait mon imitation de Maurice Chevalier. D'habitude ça a beaucoup de succès. Cette fois-ci, rien.

— Parfait. Maintenant, il ne pourra plus trahir le Parti.

Juliette était marxiste, se remémora Cloquet. Et une marxiste du genre intéressant, avec de longues jambes bronzées. Elle était l'une des rares femmes qu'il connût à pouvoir garder en tête deux concepts différents à la fois, tels que d'une part la dialectique de Hegel et de l'autre pourquoi, quand on enfonce la pointe de la langue dans l'oreille d'un monsieur qui fait un discours, il se met à parler brusquement comme Jerry Lewis. Elle se tenait devant lui à cet instant, vêtue d'une jupe collante et d'un chemisier, et il voulait la posséder – l'avoir en sa possession de même qu'il possédait n'importe quel autre objet, son poste de radio ou le masque de cochon en caoutchouc qu'il avait porté pendant l'Occupation pour narguer les Nazis.

Et tout à coup, Juliette et lui faisaient l'amour – ou était-ce simplement le sexe ? Il savait qu'il y avait une différence entre le sexe et l'amour, mais sentait que l'un et l'autre étaient un acte merveilleux, sauf si l'un des partenaires portait un bavoir. Les femmes, réfléchissait-il, étaient une douce, enveloppante présence. L'existence aussi, était une présence douce, enveloppante. Parfois, elle vous enveloppait totalement. Alors, vous ne pouviez plus sortir, sinon pour des événements réellement importants, tels que l'anniversaire de votre maman ou siéger dans un jury d'assises. Cloquet pensait souvent qu'il y avait une différence capitale entre « être » et « en être » et s'imaginait qu'appartenir à l'un ou à l'autre groupe n'avait aucune importance pourvu qu'on s'amuse.

Il dormit profondément après l'amour, comme d'habitude, mais le lendemain matin, à sa grande surprise, il fut arrêté pour l'assassinat de Gaston Brisseau.

Au commissariat de police, Cloquet protesta de son innocence, mais on l'informa qu'on avait trouvé ses empreintes digitales partout dans la chambre de Brisseau, ainsi que sur l'arme du crime. De plus, quand il s'était introduit dans la maison de Brisseau, Cloquet avait commis l'erreur de signer le registre des visiteurs. Son cas était sans espoir.

Le procès, qui se déroula pendant les semaines suivantes, fut un véritable cirque, bien qu'il y eût certaines difficultés à faire pénétrer les éléphants dans la salle d'audience. Finalement, le jury déclara Cloquet coupable, et il fut condamné à être guillotiné. Son pourvoi fut rejeté pour vice de forme, quand on apprit que l'avocat de Cloquet portait une fausse moustache en signant la demande de recours en grâce.

Six mois plus tard, la veille de son exécution, Cloquet était assis dans sa cellule, toujours incapable de comprendre les événements, et surtout le truc des éléphants dans le prétoire. À cette heure-ci, le lendemain, il serait mort. Cloquet avait toujours considéré la mort comme une chose qui n'arrivait qu'aux autres. « J'ai remarqué qu'elle frappe beaucoup les obèses », avait-il dit à son avocat. Pour Cloquet, la mort semblait être une simple abstraction de plus. Les hommes meurent, pensait-il, mais Cloquet meurt-il ? Cette question le laissait perplexe, mais quelques mots très simples tracés par un geôlier sur un carnet éclaircirent tout le problème. Il n'y avait aucune échappatoire. Bientôt, il n'existerait plus.

Je serai parti, songeait-il avec regret, mais Mme Plotnick, dont le visage ressemble à un plat chinois dont on n'a pas réussi à déchiffrer le nom sur le menu, sera toujours là. Cloquet commença à paniquer. Il avait envie de s'enfuir et de se cacher, ou, mieux encore, de se transformer en une chose solide et durable, une chaise par exemple. Une chaise n'a pas de problèmes, pensait-il. Elle est là ; personne ne l'embête. Elle n'a pas à payer son loyer, ni à s'engager politiquement. Une chaise ne se tord jamais le gros orteil. Elle n'a pas besoin de passe-montagne. Elle n'a pas besoin de se faire couper les cheveux, ni de sourire quand elle n'en a pas envie, et on peut l'emmener à une réception sans craindre qu'elle ne se mette à tousser ou ne fasse une scène. Les gens ne font que s'asseoir dessus. La logique de Cloquet le réconforta, et quand les geôliers vinrent à l'aube lui raser la nuque, il fit semblant d'être une chaise. Quand on lui demanda ce qu'il désirait pour son dernier repas, il dit :

— Vous demandez aux meubles ce qu'ils veulent manger ? Pourquoi ne pas me capitonner tout simplement ?

Comme ils le regardaient fixement, il craqua et dit :

— Juste un peu de garniture.

Cloquet avait toujours été athée, mais quand le Père Bernard, le prêtre, vint le voir, il lui demanda s'il avait encore le temps de se convertir.

Le Père Bernard secoua la tête :

— À cette époque de l'année, je crains que toutes les fois de première classe ne soient complètes. Le mieux que je puisse faire pour vous dans un délai aussi bref, c'est de donner un coup de fil et d'essayer de vous trouver une petite religion hindoue, mais j'aurai quand même besoin d'une photo d'identité.

C'est inutile, réfléchit Cloquet. Il me faudra affronter seul mon destin. Dieu n'existe pas. La vie n'a aucun but. Rien n'est durable. Même les œuvres du grand Shakespeare disparaîtront quand l'univers se désintégrera – ce qui n'est pas si terrible à la réflexion quand on pense à *Titus Andronicus*, mais pour les autres pièces... Pas étonnant que tellement de gens se suicident ! Pourquoi ne pas mettre fin à toute cette absurdité ? Pourquoi s'obstiner à cheminer dans ce labyrinthe sans issue qu'on appelle la vie ? Pourquoi, sinon que quelque part dans les tréfonds de nous-mêmes, une voix caverneuse nous ordonne : « vis ». À tout moment, provenant de quelque zone intérieure, nous entendons l'injonction : « Continue à vivre ! » Cloquet reconnut soudain la voix ; c'était celle de son assureur. C'est logique, pensa-t-il, Fishbein ne tient pas à payer.

Cloquet brûlait d'être libre – hors de la prison –, de gambader dans une verte prairie... (Cloquet gambadait toujours quand il était heureux. En fait, cette manie l'avait fait réformer.) L'idée de liberté éveilla en lui un mélange d'exaltation et de terreur. Si j'étais réellement libre, songea-t-il, je pourrais développer mes facultés au maximum. Je pourrais peut-être devenir ventriloque, ainsi que je l'ai toujours souhaité. Ou aller visiter le musée du Louvre en bikini, avec des lunettes noires et un faux nez.

Son esprit s'embruma tandis qu'il envisageait ces diverses options, et il était sur le point de s'évanouir quand un gardien ouvrit la porte de sa cellule et lui apprit que le véritable assassin de Brisseau venait de se dénoncer. Cloquet était libre de partir. Cloquet tomba à genoux et embrassa le sol de sa cellule. Il entonna *la Marseillaise*. Il sanglota! Il gambada! Trois jours plus tard, il réintégrait sa cellule sous l'inculpation d'avoir visité le musée du Louvre en bikini, avec des lunettes noires et un faux nez.

Marqués
par le destin

(NOTES POUR UN ROMAN DE HUIT CENTS PAGES.
LE GRAND LIVRE QUE TOUT LE MONDE ATTEND.)

ARRIÈRE-PLAN : Écosse, 1823.

Un homme a été arrêté pour le vol d'un croûton de pain. « Je n'aime que la croûte », explique-t-il. Il est alors identifié comme le bandit qui a récemment semé la panique dans plusieurs restaurants, en y volant l'entame des rosbifs. Le coupable, Salomon Entwhistle, est traîné devant les tribunaux, et des juges rigoureux le condamnent à cinq ou dix ans (au choix) de travaux forcés. Entwhistle est enfermé dans un cachot, et dans une tentative de pénologie d'avant-garde on jette la clé. Abattu mais déterminé, Entwhistle s'attaque à la tâche ardue de creuser un tunnel pour s'évader. Creusant méticuleusement à l'aide d'une cuillère, il exécute un souterrain qui franchit les murs de la prison, puis continue, cuillerée par cuillerée, sous la ville de Glasgow

25

en direction de Londres. Il s'interrompt pour émerger à Liverpool, mais découvre qu'il préfère le tunnel. Une fois à Londres, il voyage clandestinement à bord d'un cargo faisant route pour le Nouveau Monde, où il rêve de refaire sa vie, mais cette fois dans la peau d'une grenouille.

Arrivé à Boston, Entwhistle fait la connaissance de Margaret Figg, une avenante institutrice de la Nouvelle-Angleterre, qui a pour particularité de faire son pain elle-même, puis de le placer sur sa tête. Séduit, Entwhistle l'épouse, et tous deux ouvrent un petit magasin, où ils vendent des peaux et de la graisse de baleine – souvenir dans une frénésie sans cesse croissante d'activités insignifiantes. Ce négoce connaît un succès immédiat, et, dès 1850, Entwhistle est prospère, respecté et trompe sa femme avec un opossum femelle. Il a deux fils de Margaret Figg, l'un normal, l'autre débile léger bien qu'il soit difficile de faire la différence tant qu'on ne les a pas vus jouer au yo-yo. Sa petite boutique va devenir une grande surface ultramoderne, et quand il meurt à quatre-vingt-cinq ans de petite vérole compliquée d'un coup de tomahawk dans le crâne, il est heureux.

(Note : penser à rendre Entwhistle sympathique.)

Époque : 1976. Observations ci-dessous.

Quand on marche dans Alton Avenue, on passe devant l'entrepôt des frères Costello, l'atelier de réparations Aldeman, les pompes funèbres Chones et la salle de billard de Higby. John Higby, le propriétaire, est un homme trapu aux cheveux en broussaille qui est tombé d'une échelle à l'âge de neuf ans et a besoin d'être prévenu deux jours à l'avance pour cesser de ricaner. En se tournant vers le nord, c'est-à-dire la « ville haute » quand on est chez Higby (lequel se trouve dans la ville basse, bien que la ville haute soit en réalité à mi-hauteur), on arrive à un petit jardin public. C'est ici que les citadins viennent flâner et bavarder, et bien qu'on n'y ait à redouter ni agressions ni viols, on y est fréquemment accosté par des mendigots ou des individus prétendant avoir connu Jules César. Nous sommes en automne, et une brise frisquette (qu'on appelle ici « le dernier soupir » puisqu'elle arrache chaque année nombre de vieillards à leurs chaussures) emporte les ultimes feuilles de l'été, qui ensuite se ramassent à la pelle. On est frappé par une sensation quasi existentielle d'absurdité profonde – principalement depuis qu'on a fermé les instituts de massages. On éprouve le poids d'un « autrement » métaphysique, qu'on est incapable d'expliquer, sinon en disant que cela ne ressemble en rien à ce qui se passe à Pittsburgh. La ville en elle-même est une métaphore, mais pour quoi ? Non seulement une métaphore, mais une image. C'est « quelque part ». C'est « maintenant ». C'est « plus tard ». C'est chaque ville d'Amérique, et aucune. Cet état de fait provoque une confusion certaine parmi les facteurs. Et le grand magasin local est celui d'Entwhistle.

Blanche (m'inspirer de Cousine Tina) :
Blanche Mandelstam, douce mais baraquée, avec des doigts nerveux et boudinés et des lunettes à verres épais (« Je voulais devenir nageuse olympique », avait-elle dit à son docteur, « mais j'avais

des problèmes de flottaison »), ouvre les yeux au son de son réveil-radio.

Des années auparavant, Blanche eût pu être considérée comme jolie, mais pas au-delà du Pléiostène. Pour son mari, Léon, cependant, elle est « la plus belle créature que la terre ait portée, à part Ernest Borgnine ». Blanche et Léon se sont rencontrés il y a longtemps, dans un bal de collège. (C'est une excellente danseuse, bien que, pendant le tango, elle doive continuellement consulter un diagramme qui ne la quitte jamais.) Ils bavardèrent librement et découvrirent qu'ils aimaient beaucoup de choses en commun. Par exemple, tous deux adoraient dormir sur des tranches de bacon. Blanche fut impressionnée par la façon dont Léon s'habillait, car elle n'avait encore jamais vu personne porter trois chapeaux en même temps. Ce gentil couple se maria, et peu de temps s'écoula avant leur première et unique expérience sexuelle. « Ce fut parfaitement sublime », se rappelle Blanche, « bien que Léon ait voulu se taillader les poignets tout de suite après ».

Blanche dit à son jeune époux que, bien qu'il gagne gentiment sa vie comme cobaye humain, elle tenait à conserver son emploi au rayon chaussures chez Entwhistle. Trop fier pour se faire entretenir, Léon finit par accepter, mais en lui faisant jurer de cesser de travailler dès qu'elle aurait atteint l'âge de quatre-vingt-quinze ans. Voici le couple prenant son petit déjeuner. Pour lui : jus de fruit, toast et café. Pour Blanche, comme d'habitude, un verre d'eau chaude, une aile de poulet, des travers de porc à la pékinoise et des cannelloni. Puis ils partent pour le magasin Entwhistle.

(Note : Blanche devrait chanter tout le temps,

comme la Cousine Tina, mais autre chose que l'hymne national japonais.)

Carmen (étudier un caractère de psychopathe d'après des traits observés chez Fred Simdong, son frère Lee, et leur chat Sparky) :

Carmen Pinchuk, chauve et trapu, émergea de la douche fumante et ôta son bonnet de bain. Bien que totalement chauve, il détestait se mouiller la tête. « Mes ennemis pourraient en tirer parti contre moi ! » se plaisait-il à dire. Quelqu'un suggéra bien que cette attitude pouvait être considérée comme bizarre, mais il rit, puis, ses yeux balayant suspicieusement la pièce pour voir si on ne l'observait pas, il embrassa quelques coussins épars. Pinchuk est un grand nerveux qui passe tous ses loisirs à pêcher, mais n'a jamais rien pris depuis 1923. « Je pense que c'était écrit dans le ciel », glousse-t-il. Mais quand un de ses amis lui fit remarquer qu'il plongeait sa ligne dans une bassine de yaourt, il eut l'air gêné.

Pinchuk a eu une vie mouvementée. Il a été expulsé du lycée pour avoir gémi en classe, et a travaillé depuis comme berger, psychothérapeute et mime. Il fait parfois des remplacements pour Écolo-Service, où il enseigne l'espagnol aux écureuils. Ceux qui l'aiment bien ont décrit Pinchuk comme « un cradingue, un laissé-pour-compte, un psychopathe et un joufflu ». « Il reste assis dans sa chambre et discute avec la radio », dit un de ses voisins. « Il peut se montrer parfaitement loyal, fit remarquer un autre, le jour où Mme Monroe a glissé sur une plaque de verglas, il a pris des cours de patinage par solidarité. » Politiquement, Pinchuk est, de son propre aveu, un indépendant, et lors de la dernière élection présidentielle, il a voté pour Anthony Quinn.

Quand nous le voyons dans le roman, Pinchuk, coiffant sa casquette de cheval en tweed et prenant une boîte enveloppée de papier marron, quitte sa demeure pour sortir. Dans la rue, s'apercevant qu'il était entièrement nu à l'exception de sa casquette de cheval en tweed, il rentre, s'habille et part enfin pour le magasin Entwhistle.

(Note : Ne pas oublier d'exposer en détail l'hostilité de Pinchuk pour sa casquette.)

La rencontre (ébauche) :

Les portes du grand magasin s'ouvrirent à dix heures juste, et bien que le lundi fût généralement un jour creux, une ruée sur le thon radioactif en boîte embouteilla rapidement le sous-sol. Un souffle d'apocalypse imminente resta suspendu au-dessus du rayon des chaussures comme un prélart mouillé quand Carmen Pinchuk tendit sa boîte à Blanche Mandelstam en disant :

— Je voudrais échanger ces pantoufles, elles me serrent.

— Vous avez votre fiche ?

Blanche essayait de garder un ton détaché, mais confessa plus tard que son univers lui avait soudain semblé sur le point de se briser. (« Je ne peux plus discuter avec les clients depuis l'accident », avait-elle dit à des amies. Six mois auparavant, au cours d'une partie de tennis, elle avait avalé une balle. Depuis lors, elle éprouvait des difficultés respiratoires.)

— Euh, non, répliqua Pinchuk, nerveux. Je l'ai perdue.

(Le problème crucial de sa vie est qu'il égare toujours tout. Une fois il alla se coucher, et quand il se réveilla, il ne retrouva pas son lit.) Mais, comme d'autres clients derrière lui s'impatientaient, il se sentit inondé d'une sueur glaciale.

— Je ne peux rien faire sans l'accord du chef de rayon, dit Blanche, renvoyant Pinchuk à M. Dubinsky, avec qui elle entretenait une liaison depuis Halloween.

(Lou Dubinsky, diplômé de la plus grande école de secrétariat d'Europe, avait été considéré comme un phénomène jusqu'à ce que l'alcool réduise sa vitesse de frappe à un mot par jour ; il avait été alors obligé de travailler dans un grand magasin.)

— Vous les avez portées ? poursuivit Blanche, luttant contre l'envie de fondre en larmes.

L'idée de Pinchuk en pantoufles lui était insupportable.

— Mon père aussi portait des pantoufles, confessat-elle. Les deux au même pied.

Pinchuk était au supplice.

— Non, dit-il. Euh... je veux dire oui. Je les ai mises un moment, mais seulement en prenant mon bain.

— Pourquoi les avoir achetées si elles sont trop petites ? demanda Blanche, inconsciente du fait qu'elle articulait l'un des paradoxes humains essentiels.

La vérité était que Pinchuk ne s'était jamais senti à l'aise dans les pantoufles, mais il n'avait jamais su dire non à un représentant.

— Je veux qu'on m'aime, avoua-t-il à Blanche. Un jour, j'ai acheté un gnou vivant parce que je n'ai pas osé refuser.

(Note : O.F. Krumgold a écrit un brillant essai sur

certaines tribus de Bornéo, dont le langage ne comprend aucun mot pour « non » ; en conséquence, les indigènes repoussent les requêtes en secouant la tête et en disant : « Je te revaudrai ça. » Ce qui corrobore ses théories précédentes, selon lesquelles le besoin d'être aimé à tout prix n'est pas un acquis social, mais un inné génétique, tout comme l'amour de l'opérette.)

Vers onze heures dix, le chef de rayon, Dubinsky, avait consenti à l'échange, et on donna à Pinchuk des pantoufles d'une pointure supérieure. Pinchuk confessa plus tard que cet incident lui avait valu une grave dépression nerveuse et divers troubles mentaux, qu'il attribua en partie à la nouvelle du mariage de son perroquet.

Peu après l'affaire Entwhistle, Carmen Pinchuk quitta son emploi et devint serveur chinois au Palace cantonais Sung Ching. Blanche Mandelstam souffrit à son tour d'une terrible dépression, et tenta de s'enfuir avec un photographe ambulant.

(Note : À la réflexion, il serait peut-être mieux de faire de Dubinsky une marionnette à gaine.) À la fin de janvier, Entwhistle ferma ses portes pour ne plus les rouvrir, et Julie Entwhistle, la propriétaire, partit avec sa famille, qu'elle chérissait tendrement, et tous allèrent s'installer au Zoo du Bronx.

(Cette dernière phrase devrait rester telle qu'elle est. Elle semble très, très belle. Fin des notes concernant le premier chapitre.)

La menace
des OVNI

Les OVNI défraient à nouveau la chronique, et l'heure est venue d'examiner ce phénomène avec sérieux. (Il est exactement 8 h 10, ce qui fait que non seulement nous sommes en retard, mais je commence à avoir faim.) Jusqu'ici, l'ensemble du sujet « soucoupes volantes » a été assimilé aux loups-garous et aux phénomènes de foires. De fait, la plupart du temps, les observateurs de soucoupes reconnaissent appartenir à l'un ou l'autre des deux groupes précités. Cependant, des observations persistantes effectuées par des individus sensés et responsables ont obligé l'Armée de l'air et les organisations scientifiques à réexaminer une attitude jusque-là sceptique, et à allouer une subvention de deux cents dollars pour l'étude objective du phénomène. La question est : Y a-t-il quelque chose là-haut ? Et si oui, ont-ils le rayon de la mort ?

On ne peut prouver que tous les OVNI sont d'origine extraterrestre, mais les experts s'accordent à reconnaître que tout aéronef capable de s'élever à la verticale à douze mille milles par seconde nécessiterait la sorte de batterie et de bougies qui ne sont en vente que sur Pluton. Si ces engins proviennent réellement d'une autre planète, alors c'est que la civilisation qui les a conçus doit avoir des millions d'années d'avance sur la nôtre. Ou que ces gens ont du pot. Le professeur Léon Specimen part du postulat d'une civilisation qui serait plus avancée que la nôtre d'environ quinze minutes. Cela, pense-t-il, donnerait à ses membres un grand avantage sur nous, du moins pour arriver aux rendez-vous urgents.

Le Dr Brackish Menzies, qui travaille à l'Observatoire du Mont Wilson, à moins qu'il ne soit en observation à la clinique psychiatrique du Mont Wilson (l'adresse est mal rédigée), affirme que des émissaires voyageant à la vitesse de la lumière mettraient des millions d'années pour nous atteindre, même en venant du plus proche système solaire, et, vu la qualité actuelle des spectacles de Broadway, ça ne vaudrait pas le déplacement. (Il est impossible de se déplacer plus vite que la lumière, et ce serait idiot car on perdrait son chapeau en route.)

Il est intéressant de noter que, selon les astronomes modernes, l'espace est limité. Voilà une pensée très réconfortante, particulièrement pour les gens qui ne se rappellent jamais où ils ont mis les choses. Le facteur principal, toutefois, quand on considère l'univers, est qu'il est en expansion et finira un jour par se fragmenter et disparaître. C'est pourquoi, si

la standardiste du vestibule ne possède pas exactement toutes les qualités requises, il est préférable de
trouver un compromis.

La question la plus fréquemment posée au sujet des
OVNI est : si les soucoupes proviennent d'une autre
planète, pourquoi leurs pilotes n'ont-ils pas tenté
d'entrer en contact avec nous au lieu de tourner
mystérieusement autour des contrées désertiques ?
Ma propre théorie est que, pour des créatures provenant d'un autre système solaire, « tourner autour » est
peut-être la principale manière d'entrer en relation.
Peut-être que ça leur fait tout simplement plaisir. Il
m'est arrivé de tourner autour d'une comédienne de
dix-huit ans pendant près de six mois, et de vivre une
expérience particulièrement enrichissante. Il faut
aussi se rappeler que, lorsque nous parlons de la « vie »
sur d'autres planètes, nous faisons généralement
référence aux amino-acides, qui n'ont pas la réputation
d'être de joyeux convives.

La plupart des gens tendent à considérer les OVNI
comme un problème des temps modernes, mais ne
pourraient-ils pas être un phénomène connu de
l'homme depuis des siècles ? (À nos yeux, un siècle
semble long, surtout si nous avons une hypothè-
que, mais selon les standards de l'astronomie, ça se
déroule en un rien de temps. C'est pour cette raison
qu'il vaut toujours mieux avoir une brosse à dents
sur soi et être prêt à filer à la moindre alerte.) Les
érudits nous disent maintenant que l'observation
d'objets volants non identifiés remonte quasiment
aux temps bibliques. Par exemple, il y a un passage
dans le Lévitique qui dit : « Et une grande boule
de feu apparut au-dessus des armées assyriennes, et
dans la ville de Babylone il y eut des pleurs et des

grincements de dents, jusqu'à ce que les Prophètes ordonnent aux multitudes de se ressaisir. »

Ce phénomène peut-il se relier à celui décrit des années plus tard par Parménide : « Trois formes orangées apparurent soudain dans les cieux et encerclèrent le centre d'Athènes, s'arrêtant au-dessus des bains publics et obligeant plusieurs de nos plus grands philosophes à se couvrir de leurs serviettes » ? Et une fois de plus, ces « formes orangées » étaient-elles similaires à ce que décrit un manuscrit saxon anonyme du XIIᵉ siècle, récemment découvert : « *Ein obchet abbarut ; immensee und kolossalus ; gomme eine grosse balle zum Feuer. Che fous remercie, meine Damen und Herren.* » ?

Cette dernière relation fut répandue par le clergé médiéval pour signifier que la fin du monde était imminente ; aussi quel désappointement quand le lundi arriva et que tout le monde dut aller au boulot !

Finalement, et de manière plus convaincante, Goethe lui-même note en 1822 un étrange phénomène céleste : « Me rendant au Festival de l'Angoisse de Leipzig, écrit-il, je traversais une prairie quand je levai la tête par hasard et vis plusieurs boules d'un rouge éclatant apparaître dans le ciel méridional. Elles descendaient à une grande vitesse et commencèrent à me poursuivre. Je leur criai que j'étais un génie, et par conséquent ne pouvais courir très vite, mais mes paroles furent vaines. Alors je me mis en rage et leur lançai des imprécations, sur quoi elles se sauvèrent, terrorisées. Je relatai cette aventure à Beethoven sans me rendre compte qu'il était devenu sourd ; il sourit, hocha la tête et dit : " Très bien. " »

En règle générale, les investigations les plus minutieuses sur les lieux font apparaître que la plupart des « objets volants non identifiés » sont des phénomènes parfaitement ordinaires, tels que ballons-sondes, météorites, débris de satellites, et une fois même un quidam nommé Lewis Mandelbaum, tombé du toit de l'Empire State Building. Une explication typique d'un incident est celle rapportée par Sir Chester Ramsbottom, le 5 juin 1961, dans le Shropshire : « Je conduisais sur la route à deux heures du matin quand je vis un objet en forme de cigare qui semblait poursuivre ma voiture. Quelque direction que je prenne, il continuait à me suivre, même dans les virages en épingle à cheveux. C'était d'un rouge luminescent, et bien que je zigzaguasse à toute vitesse, je fus incapable de le semer. Alors je pris peur et commençai à transpirer. Je poussai un cri de terreur et dus m'évanouir, puisque je repris mes sens à l'hôpital, miraculeusement indemne. » Après enquête serrée, les experts découvrirent que « l'objet en forme de cigare » était le nez de Sir Chester. Naturellement, tous ses efforts pour lui échapper étaient demeurés vains, puisqu'il était fixé à son visage.

Un autre incident expliqué débuta fin avril 1972, par un rapport du général de brigade Curtis Memling, de la base aérienne d'Andrews : « Une nuit, je traversais un champ, quand j'aperçus tout à coup un grand disque argenté dans le ciel. Il vint me survoler, à moins de cinq mètres de haut et exécuta une série de manœuvres parfaites, impossibles à tout appareil normal. Il accéléra soudain et disparut à une vitesse terrifiante. »

Les enquêteurs devinrent soupçonneux quand ils s'aperçurent que le général Memling ne pouvait décrire l'incident sans pouffer de rire. Il devait admettre par la suite qu'il venait juste de voir *la Guerre des étoiles* au cinéma de la base, et en avait été très impressionné. Curieusement, le général Memling signala un autre OVNI en 1976, mais on découvrit rapidement que lui aussi avait fait une fixation sur le nez de Sir Chester Ramsbottom – révélation qui plongea l'armée de l'Air dans la consternation et finit par la Cour martiale pour le général Memling.

Si la plupart des observations d'OVNI peuvent être expliquées logiquement, qu'en est-il des autres ? Voici quelques-uns des exemples les plus surprenants de « rencontres non résolues ». Le premier est rapporté par un habitant de Boston en mai 1969 : « Je me promenais sur la plage avec ma femme. Ce n'est pas une femme très attirante. Plutôt enveloppée. En fait, je la portais dans un baquet à linge. Je regardai soudain en l'air et vis une énorme soucoupe blanche qui semblait descendre à grande vitesse. Je crois que j'ai pris peur, parce que j'ai lâché ma femme et commencé à courir. La soucoupe est passée exactement au-dessus de ma tête et j'ai distinctement entendu une voix étrange, métallique, qui me disait : « Appelle les Absents ! » Quand je rentrai chez moi, j'appelai le service des Abonnés Absents, qui me transmit le message que mon frère Ralph avait déménagé et que je fasse suivre son courrier sur Neptune. Je ne l'ai jamais revu. Ma femme a reçu un terrible choc nerveux, et depuis elle ne peut plus parler que par le truchement d'une poupée de ventriloque. »

De I.M. Axelbank, d'Athènes, Georgie, février 1971 : « Je suis un pilote expérimenté. Je me rendais de Mexico à Amarillo, Texas, dans mon Cessna privé, dans le but de bombarder les membres d'une secte religieuse dont je ne partage pas les convictions, quand je remarquai un objet qui volait à ma hauteur. Tout d'abord, je crus avoir affaire à un autre avion, mais il émit un rayon de lumière verte qui força mon appareil à perdre onze mille pieds en quatre secondes ; ma moumoute jaillit de ma tête et perça un trou de soixante centimètres dans le fuselage. Je me mis à lancer des appels par radio, mais n'obtins en réponse qu'un programme de musique de danse. L'OVNI revint tout près de mon zinc, puis repartit à une vitesse aveuglante. Cette fois-ci, je perdis trop d'altitude et fus obligé d'atterrir en catastrophe sur une autoroute. Je continuai ma route au sol, et eus de nouvelles difficultés quand, en franchissant un guichet de péage, je cassai mes deux ailes.»

L'une des observations les plus stupéfiantes fut relatée en août 1975 par un homme de Montauk Point, Long Island : « J'étais couché dans mon bungalow sans pouvoir m'endormir, car j'avais envie de manger un reste de poulet rôti qui se trouvait dans le réfrigérateur. J'ai attendu que ma femme soit dans un profond sommeil, puis je suis allé dans la cuisine sur la pointe des pieds. Je me rappelle avoir regardé la pendule. Il était exactement 4 h 15. Je suis tout à fait certain de l'heure, parce que la pendule de la cuisine est arrêtée depuis vingt et un ans, et n'a jamais varié d'une minute depuis. J'ai aussi remarqué que notre chien, Judas, se conduisait bizarrement. Il faisait le beau et chantait : " Quel bonheur d'être une femme. " Subitement, la pièce s'est éclairée d'une lueur rougeâtre. J'ai d'abord cru que ma femme m'avait pincé en train de manger entre les repas et avait mis le feu à la maison. Puis j'ai regardé par la fenêtre et, à mon grand étonnement, j'ai vu un gigantesque engin en forme de cigare qui évoluait dans le jardin juste au-dessus des arbres en émettant une lumière rouge. Je suis resté pétrifié pendant plusieurs heures, à ce qu'il me semble, vu que la pendule marquait toujours 4 h 15 et qu'il m'était difficile d'évaluer le temps. Finalement, une gigantesque griffe métallique est sortie de l'engin volant, a saisi les deux morceaux de poulet froid dans ma main, puis s'est retirée. Alors la machine s'est élevée, et, accélérant jusqu'à une vitesse fabuleuse, s'est fondue dans le ciel. Quand j'ai raconté l'incident aux gens de l'armée de l'Air, ils m'ont dit que j'avais vu un vol de canards sauvages. Comme je protestais, le colonel Quincy Bascomb m'a promis personnellement que l'armée de l'Air me restituerait mes deux morceaux de poulet. Mais jusqu'ici, ils ne m'en ont rendu qu'un. »

Pour finir, ce récit, fait en janvier 1977, par deux ouvriers d'une usine de Louisiane : « Nous deux Roy, on pêchait le poisson-chat dans le bayou. Moi, j'aime bien le bayou, et Roy aussi. On buvait pas, malgré qu'on aye apporté un cruchon de chlorure de méthyle ; on aime bien ça, avec un zeste de citron ou un oignon blanc. De toute façon, sur le coup de minuit, on a regardé en l'air et voilà-t-il pas qu'une espèce de sphère brillante est descendue vers le marais. D'abord, Roy l'a prise pour un hibou et a failli tirer dessus, mais je lui ai dit : " Hé, Roy, tu vois bien qu'c'est pas un hibou, vu qu'il a pas de bec ! " C'est à ça qu'on reconnaît un hibou. Tenez, Gus, le fils de Roy, il a un bec, eh bien Roy le prend pour un hibou. Bon, enfin, bref, voilà que tout d'un coup cette porte s'ouvre et plusieurs créatures émergent. Ces créatures-là, elles ressemblaient à des petites radios portatives, avec des dents et des cheveux courts. Elles avaient aussi des jambes, sauf que là où nous avons des doigts de pieds, elles avaient des roulettes. Et voilà que ces créatures m'ont fait signe d'approcher, ce que j'ai fait, et elles m'ont injecté une espèce de liquide. C'est depuis ce moment-là que je cause comme Popeye. Elles ont discuté entre elles dans une langue étrange, qui faisait un drôle de bruit, comme quand on écrase un fermier sur une route verglacée. Elles m'ont emmené à bord de leur engin et m'ont examiné sous toutes les coutures. Je me suis laissé faire, vu que j'avais besoin d'un check-up depuis un bout de temps. Et puis voilà qu'elles avaient maîtrisé mon langage, mais elles commettaient encore quelques petites erreurs, comme d'employer " herméneutique " pour " heuristique ", vous voyez ? Elles m'ont raconté qu'elles venaient d'une autre galaxie exprès pour dire aux terriens qu'ils doivent apprendre à vivre en paix, sinon elles reviendront avec des armes spéciales et élimineront le premier-né mâle de chaque famille. Elles m'ont dit qu'elles auraient le résultat de mon analyse sanguine dans vingt-quatre heures, et que si je n'avais pas de nouvelles, je pourrais épouser Claire sans problème. »

La différence
entre Socrate et moi

De tous les hommes illustres que la terre ait jamais portés, celui que j'aurais préféré être fut Socrate. Pas uniquement parce qu'il était un grand penseur ; je suis connu pour émettre moi-même des pensées suffisamment profondes, bien qu'elles tournent invariablement autour d'une hôtesse de l'air suédoise et d'une paire de menottes. Non, l'intense admiration que suscite en moi le plus sage des Grecs est due à son courage face à la mort. Sa décision fut non pas de renoncer à ses principes, mais plutôt de donner sa vie afin de prouver son point de vue. Personnellement, je suis beaucoup moins intrépide devant la mort, et serais plutôt du genre, quand j'entends un bruit effrayant, comme une voiture qui pétarade, à me précipiter directement dans les bras de la personne avec qui je converse. En deux mots, la mort sublime de Socrate donne à toute son existence sa significa-

tion authentique, chose dont ma vie est totalement
dépourvue, bien qu'elle possède un rapport étroit
avec la Direction générale des Impôts. Il me faut
confesser que j'ai essayé plusieurs fois de me glisser
en pensée dans les sandales de l'immense philosophe,
et chaque fois que cela m'arrive, je m'endors aussitôt
et fais le rêve suivant :

*(La scène se passe en prison, dans ma cellule. La
plupart du temps, je reste assis, solitaire, absorbé par
quelque problème ardu de la pensée rationaliste, tel
que : « Peut-on qualifier d'œuvre d'art un objet qui sert
à récurer les fourneaux ? » Au lever du rideau, je reçois
la visite de Simmias et Agathon.)*

AGATHON. – Ah ! mon bon ami, vieil homme d'une
profonde sagesse. Comment se passent vos jours de
captivité ?

ALLEN. – Que peut-on dire de la captivité,
Agathon ? Seul le corps peut être circonscrit. Mon
esprit vagabonde librement, sans entraves et c'est
pourquoi en vérité je demande : la captivité existe-
t-elle ?

AGATHON. – Eh bien, et si vous voulez aller vous
promener ?

ALLEN. – C'est une bonne question. Je ne peux
pas.

*(Les trois personnages sont assis dans des postures
classiques, et ne sont pas sans évoquer un bas-relief.
Finalement, Agathon reprend la parole.)*

AGATHON. – Je crains que le monde ne soit méchant. Vous avez été condamné à mort.

ALLEN. – Ah, je suis attristé d'avoir provoqué une discussion au Sénat.

AGATHON. – Sans discussion. À l'unanimité.

ALLEN. – Vraiment ?

AGATHON. – Au premier tour.

ALLEN. – Hmmmm. J'aurais cru pouvoir compter sur quelques supporters.

SIMMIAS. – Le Sénat est furieux de vos projets d'un État utopique.

ALLEN. – Je pense que je n'aurais jamais dû suggérer de prendre un philosophe pour roi.

SIMMIAS. – Surtout en vous raclant la gorge et en vous désignant du doigt.

ALLEN. – Pourtant je n'éprouve nul ressentiment pour mes bourreaux.

AGATHON. – Moi non plus.

ALLEN. – Euh, oui, bon... car qu'est-ce que le mal, sinon un excès de bien ?

AGATHON. – Qu'est-ce à dire ?

ALLEN. – Regardons les choses ainsi : si un homme chante une belle chanson, c'est merveilleux. S'il la chante pendant des heures, on commence à avoir la migraine.

AGATHON. – Exact.

ALLEN. – Et pour peu qu'il refuse de s'interrompre, il arrive qu'on ait envie de lui enfoncer des chaussettes dans la gorge.

AGATHON. – Oui, c'est tout à fait vrai.

ALLEN. – Quand la sentence doit-elle être exécutée ?

AGATHON. – Quelle heure est-il maintenant ?

ALLEN. – Aujourd'hui !

AGATHON. – Ils ont besoin de la cellule.

ALLEN. – Alors, qu'il en soit ainsi ! Qu'ils prennent ma vie. Qu'il soit bien enregistré que j'ai préféré mourir que renoncer aux principes de la vérité et du libre examen. Ne pleure pas, Agathon.

AGATHON. – Je ne pleure pas, c'est mon allergie.

ALLEN. – Pour l'homme qui pense, la mort n'est pas une fin mais un commencement.

SIMMIAS. – Comment ça ?

ALLEN. – Eh bien, si vous me donnez une minute...

SIMMIAS. – Prenez votre temps.

ALLEN. – Est-il vrai, Simmias, que l'homme n'existe pas avant sa naissance ? N'est-ce pas ?

SIMMIAS. – C'est bien vrai.

ALLEN. – Et qu'il n'existe plus après sa mort ?

SIMMIAS. – Je suis d'accord.

ALLEN. – Hmmmm.

SIMMIAS. – Alors ?

ALLEN. – Attendez une petite seconde. je me sens un peu brouillé. Vous savez, ici il n'y a que du mouton à manger, et il n'est jamais assez cuit.

SIMMIAS. – La plupart des hommes considèrent la mort comme le néant final, c'est pourquoi ils la redoutent.

ALLEN. – La mort est un état de non-existence. Ce qui n'est pas n'existe pas. Donc, la mort n'existe pas. Seule la vérité existe. La vérité et la beauté. Elles sont interchangeables, mais sont des aspects l'une de l'autre. Euh, qu'ont-ils dit exactement qu'ils prévoyaient pour moi ?

AGATHON. – La ciguë.

ALLEN *(surpris)*. – La ciguë ?

AGATHON. – Vous vous rappelez ce liquide noir qui a rongé votre table de marbre ?

ALLEN. – Vraiment ?

AGATHON. – Rien qu'une petite coupe. Ils ont quand même prévu une soucoupe au cas où vous en renverseriez.

ALLEN. – Je me demande si c'est douloureux ?

AGATHON. – Ils se sont inquiétés de savoir si vous n'alliez pas faire un esclandre. Ça gêne les autres prisonniers.

ALLEN. – Hmmmm...

AGATHON. – J'ai dit à tout le monde que vous mourriez bravement plutôt que de faillir à vos principes.

ALLEN. – Oui, oui, certainement... euh, est-ce que la notion d'exil a été évoquée ?

AGATHON. – On a cessé d'exiler l'an dernier. Trop de paperasserie.

ALLEN. – Bon... eh bien... *(troublé, distrait mais s'efforçant de garder bonne contenance)* je, euh... eh bien, quoi de neuf à part ça ?

AGATHON. – Ah, j'ai rencontré Isocèle. Il a une idée pour un nouveau triangle.

ALLEN. – Bien... bien... *(cessant soudain de feindre le courage)* Écoutez, je peux mettre de l'eau dans mon vin... Je ne veux pas mourir ! Je suis trop jeune !

AGATHON. – Mais c'est votre seule chance de mourir pour la vérité !

ALLEN. – Ne vous méprenez pas. Je suis totalement pour la vérité, mais d'un autre côté, j'ai un déjeuner à Sparte la semaine prochaine, et je ne voudrais pas le manquer. C'est à mon tour de payer. Vous connaissez ces Spartiates, pour un oui pour un non, ils déclenchent une guerre...

SIMMIAS. – Notre plus grand philosophe serait-il un lâche ?

ALLEN. – Je ne suis pas un lâche, et je ne suis pas un héros. je me situe quelque part entre les deux.

SIMMIAS. – Une vermine rampante !

ALLEN. – Appelez ça comme vous voulez.

AGATHON. – C'est bien vous qui avez prouvé que la mort n'existe pas !

ALLEN. – Hé, écoutez. J'ai prouvé tout un tas de choses. C'est comme ça que je paie mon loyer. Des théories et de petites observations. Une remarque malicieuse de temps en temps. Quelques maximes occasionnelles. C'est mieux que de peigner la girafe, mais ça ne va pas très loin.

AGATHON. – Mais vous avez prouvé plusieurs fois que l'âme est immortelle !

ALLEN. – Et elle l'est ! Sur le papier, tout au moins. Vous voyez, c'est ça l'ennui avec la philosophie ; elle n'est pas tellement fonctionnelle une fois qu'on est sorti de l'école.

SIMMIAS. – Et le concept d'éternité ? Vous avez dit que chaque chose a toujours existé, et existera toujours.

ALLEN. – Je faisais allusion aux objets massifs. Une statue ou quelque chose comme ça. Pour les gens, c'est très différent.

AGATHON. – Mais tous ces discours sur la mort semblable au sommeil ?

ALLEN. – Oui, oui, mais la différence est que, quand vous êtes mort et que quelqu'un crie « debout là-dedans, c'est l'heure de se lever », c'est difficile d'enfiler ses pantoufles.

(Le bourreau arrive, portant une coupe de ciguë. Il ressemble étrangement au comique irlandais Spike Milligan.)

LE BOURREAU. – Ah ! Nous y voilà. Le poison, c'est pour qui ?

AGATHON *(me désignant)*. – Pour monsieur.

ALLEN. – Bon sang, elle est grande, cette coupe. C'est normal que ça fume comme ça ?

LE BOURREAU. – Ouais. Et buvez bien tout, parce que souvent, le poison reste dans le fond.

ALLEN *(C'est généralement à partir d'ici que mon comportement diffère de celui de Socrate, et qu'on me dit que je crie en dormant.)*. – Non ! Je n'en veux pas ! Je ne veux pas mourir ! À l'aide ! Non, je vous en supplie !

(Il me tend le breuvage bouillonnant, en dépit de mes supplications répugnantes, et tout espoir semble perdu. Puis, en raison d'un instinct de conservation inné, le cauchemar change brutalement d'aspect, et un messager arrive.)

LE MESSAGER. – Arrêtez tout ! Le Sénat a revoté ! Les charges sont abandonnées. Votre valeur a été réaffirmée, et il a été décidé de vous honorer à nouveau.

ALLEN. – Enfin ! Enfin ! Ils retrouvent leurs esprits ! Je suis un homme libre ! Libre ! Et digne de tous les honneurs comme avant ! Vite, Agathon, Simmias, prenez mes affaires. Je dois partir, Praxitèle va vouloir faire une première ébauche de ma statue. Mais avant de partir, je tiens à vous énoncer une petite parabole.

SIMMIAS. – Bon Dieu, ils ont vite retourné leur toge ! Je me demande s'ils savent ce qu'ils veulent !

ALLEN. – Un groupe d'hommes vivent dans une caverne obscure. Ils ignorent qu'à l'extérieur le soleil brille. La seule lumière qu'ils connaissent est la flamme vacillante de quelques pauvres chandelles qui leur servent à se déplacer.

AGATHON. – Où ont-ils acheté les chandelles ?

ALLEN. – Eh bien, disons qu'ils les ont.

AGATHON. – Ils vivent dans une caverne et ils ont des chandelles ? Ça n'a pas l'air plausible.

ALLEN. – C'est pour les besoins de la démonstration.

AGATHON. – OK, OK, mais venons-en au fait.

ALLEN. – Alors un jour, l'un des habitants de la caverne en sort et découvre le monde extérieur...

SIMMIAS. – Dans toute sa clarté.

ALLEN. – J'allais le dire. Dans toute sa clarté.

AGATHON. – Et quand il essaie de dire aux autres ce qu'il a vu, ils ne le croient pas.

ALLEN. – Eh bien non. Il ne dit rien aux autres.

AGATHON. – Vraiment ?

ALLEN. – Non. Il ouvre une boucherie, il épouse

une danseuse et il meurt d'hémorragie cérébrale à quarante-deux ans.

(Ils m'empoignent et me forcent à avaler la ciguë. C'est généralement ici que je me réveille en sueur ; seuls quelques œufs au plat et une tranche de saumon fumé peuvent me rasséréner.)

Madame Bovary, c'est l'autre

Kugelmass, professeur de lettres au City College, en était à son deuxième mariage, et s'estimait malheureux. Daphné Kugelmass était stupide. Il était également nanti de deux fils idiots, de Flo, sa première femme, et en avait jusque-là des soucis et des pensions alimentaires.

Il s'en ouvrit un jour à son analyste :

— Pouvais-je savoir que ça tournerait aussi mal ? Daphné était charmante. Qui aurait pu supposer qu'elle se laisserait aller et gonflerait comme un ballon de plage ? D'accord, elle avait un peu d'argent, ce qui n'est pas une raison suffisante pour épouser quiconque, mais ça ne fait pas de mal avec toutes les charges que je dois assumer. Vous voyez ce que je veux dire ?

Kugelmass, bien qu'il fût chauve, était velu comme un ours ; de plus, il possédait une âme.

— J'ai besoin de rencontrer une femme nouvelle, poursuivit-il. Il me faut une histoire d'amour. Je peux ne pas en avoir l'air, mais je suis un grand sentimental. J'ai besoin de tendresse, j'ai besoin de faire la cour à quelqu'un. Je ne suis plus tout jeune, alors avant qu'il ne soit trop tard, je veux faire l'amour à Venise, flirter au « 21 », échanger des regards mouillés à la lueur des bougies et autour d'une bouteille de bon vin. Vous voyez ce que je veux dire ?

Le Dr Mandel changea de position dans son fauteuil et dit :

— Une liaison ne résoudra rien. Vous êtes trop rêveur, pas assez réaliste. Vos problèmes sont beaucoup plus profonds.

— Et cette liaison doit rester discrète, continua Kugelmass. Je ne peux pas risquer un second divorce. Daphné me tondrait jusqu'à l'os.

— M. Kugelmass...

— Ça ne peut être personne du City College, puisque Daphné y travaille aussi. Notez qu'aucune des profs ne mérite un prix de beauté, mais en revanche certaines petites étudiantes...

— M. Kugelmass...

— Aidez-moi. J'ai fait un rêve la nuit dernière. Je gambadais dans une prairie avec un panier à pique-nique, sur lequel était marqué « options ». Et je me suis aperçu que le fond du panier était percé.

— M. Kugelmass, la pire chose que vous puissiez faire, c'est cette sorte de cinéma. Ici, vous n'avez qu'à exprimer simplement vos sentiments, et nous les analyserons ensemble. Vous êtes en traitement depuis assez longtemps pour savoir qu'il n'y a pas de remède miracle. Après tout, je suis un simple analyste, pas un magicien.

— Alors, peut-être que j'ai besoin d'un magicien, murmura Kugelmass en se levant.

Ainsi se termina sa thérapie.

Quelques semaines plus tard, alors que Kugelmass et Daphné s'embêtaient chez eux comme des rats morts, le téléphone sonna.

— Je réponds, fit Kugelmass. Allô ?

— Kugelmass ? dit une voix. Kugelmass, ici Persky.

— Qui ça ?

— Persky. Ou devrais-je plutôt dire « Le Grand Persky » ?

— Je vous demande pardon ?

— J'ai entendu dire que vous cherchiez partout un magicien pour apporter un peu d'exotisme dans votre vie. Vrai ou faux ?

— Chut ! souffla Kugelmass. Ne raccrochez-pas ! D'où m'appelez-vous, Persky ?

Le lendemain, en début d'après-midi, Kugelmass escaladait à pied trois étages dans un immeuble délabré de Brooklyn, côté Bushwick. Cherchant dans la pénombre du couloir, il finit par localiser la porte qu'il cherchait, et tira la sonnette. Je risque bien de regretter tout ça, pensa-t-il.

L'instant suivant, il était accueilli par un petit homme maigrelet au visage cireux.

— C'est vous Persky le Grand ? demanda Kugelmass.

— Le Grand Persky. Vous voulez une tasse de thé ?

— Non, je veux de l'amour. Je veux de la musique douce. Je veux de la passion et de la beauté.

— Mais pas de thé ? Étonnant. Eh bien, asseyez-vous.

Persky disparut dans une pièce voisine, et Kugel-mass entendit le bruit de meubles déplacés. Persky réapparut, poussant devant lui un gros objet posé sur des roulettes grinçantes. Il ôta quelques foulards de soie qui le dissimulaient, et secoua un nuage de poussière. Il s'agissait d'un cabinet chinois assez mal laqué.

— Persky, fit Kugelmass, qu'est-ce que c'est que ce truc ?

— Soyez attentif. C'est un effet superbe. Je l'avais mis au point pour la réunion annuelle des Fils de Pythias, mais le programme était surchargé. Entrez dans ce meuble.

— Pourquoi ? Vous allez planter des tas de sabres dedans, ou quelque chose comme ça ?

— Où voyez-vous des sabres ?

Kugelmass fit la grimace, puis, grommelant, grimpa dans le cabinet. Il ne put s'empêcher de remarquer les horribles verroteries collées sur le contreplaqué intérieur juste à la hauteur de ses yeux.

— Si c'est une plaisanterie...

— D'une certaine façon. Maintenant, voilà comment ça marche. Quand je placerai un roman dans cette boîte auprès de vous, fermez la porte et frappez trois coups. Vous vous trouverez aussitôt projeté au cœur de l'action.

Kugelmass exécuta une grimace dubitative.

— Ça ne peut pas rater, affirma Persky. Ma main à couper. Ça ne fonctionne pas qu'avec un roman, notez bien. Une nouvelle, une pièce de théâtre, un poème... Vous pouvez rencontrer chacune des femmes créées par les meilleurs écrivains du monde. Celle de vos rêves, quelle qu'elle soit. Et vous pouvez y aller sans crainte de rebuffade ! Puis, quand vous en aurez assez, vous n'avez qu'à m'appeler, et je vous ramène ici en moins d'une seconde.

— Persky, vous ne vous seriez pas évadé d'un asile ?

— Je vous affirme que c'est du tout cuit.

Kugelmass demeurait sceptique.

— Vous voulez vraiment me faire croire que cette caisse à savon minable peut me faire effectuer un voyage tel que vous le décrivez ?

— Moyennant vingt dollars.

Kugelmass sortit son portefeuille.

— Je le croirai quand je le verrai, dit-il.

Persky fourra les billets dans sa poche de pantalon, puis se tourna vers sa bibliothèque.

— Alors, qui voulez-vous séduire ? Scarlett O'Hara ? Ophélie ? Anna Karénine ? Peut-être une héroïne de Saül Bellow ? Hé, qu'est-ce que vous diriez de Lolita ? Quoique, pour un homme de votre âge, ce serait épuisant !

— Une Française. J'ai toujours voulu avoir une maîtresse française.

— Nana ?

— Je ne veux pas être aimé pour mon argent.

— Que diriez-vous de Natacha, de *Guerre et paix* ?

— J'ai dit française. Je sais bien ce que je veux, tout de même ! Et pourquoi pas Emma Bovary ? Ça me semble parfait.

— Elle est à vous, Kugelmass. Appelez-moi quand vous en aurez marre.

Persky jeta dans le cabinet une édition de poche du roman de Flaubert.

— Vous êtes sûr que c'est sans danger ? demanda

Kugelmass alors que Persky fermait les portes du cabinet.

— Sans danger ? Qu'est-ce qui n'est pas dangereux dans ce monde de fous ?

Persky frappa trois coups sur le meuble, dont il rouvrit aussitôt les portes.

Kugelmass était parti. Au même instant, il apparaissait dans la chambre à coucher de Charles et Emma Bovary, à Yonville. Devant lui se trouvait une femme splendide, seule, qui lui tournait le dos, occupée à sa couture. Je ne peux pas y croire, pensa Kugelmass, mangeant des yeux la ravissante femme du docteur. C'est surnaturel. Je suis ici. C'est elle.

Emma se retourna, surprise.

— Mon Dieu, vous m'avez fait peur, dit-elle. Qui êtes-vous ?

Elle s'exprimait en parfait anglais dans la même traduction que le livre de poche.

C'est positivement affolant, pensa-t-il. Puis, réalisant que c'était à lui qu'elle s'adressait, il dit :

— Excusez-moi. Je m'appelle Sidney Kugelmass. Je suis professeur de lettres au City College de New York. Dans la ville haute, vous voyez ? Je... oh, sacré nom !

Emma Bovary lui adressa un sourire enjôleur et demanda :

— Aimeriez-vous boire quelque chose ? Un verre de vin, peut-être ?

Elle est magnifique, songea Kugelmass. Quel contraste avec la troglodyte qui partageait son lit ! Il éprouva le désir soudain de prendre cette vision dans ses bras et de lui dire qu'elle était exactement la femme dont il avait rêvé toute sa vie.

— Oui, une goutte de vin, dit-il d'une voix rauque. Blanc. Non, rouge. Donnez-moi du blanc.

— Charles est absent pour la journée, dit Emma, d'une voix remplie d'excitantes implications.

Après avoir vidé une chopine, ils allèrent se promener dans la verdoyante campagne normande.

— J'ai toujours rêvé d'un mystérieux étranger qui apparaîtrait soudain, et me sauverait de la monotonie de cette grossière existence campagnarde, dit Emma en lui pressant la main.

Ils passèrent devant une petite église.

— J'aime votre façon de vous habiller, murmurat-elle. Je n'ai jamais rien vu de semblable par ici. C'est tellement... tellement moderne...

— On appelle ça une tenue de week-end, dit-il d'un ton romantique. C'était écrit sur l'étiquette.

Soudain, il l'embrassa. Ils passèrent l'heure suivante allongés sous un arbre, se chuchotant des riens, et se disant avec les yeux des choses terriblement profondes. Puis Kugelmass s'assit. Il venait juste de se rappeler qu'il devait retrouver Daphné au magasin Bloomingdale's.

— Il faut que je m'en aille, lui dit-il. Mais ne t'inquiète pas, je reviendrai.

— C'est mon vœu le plus cher, dit Emma.

Il l'embrassa passionnément, et tous deux regagnèrent la maison. Il prit le visage d'Emma entre ses mains, l'embrassa à nouveau, puis cria :

— OK, Persky ! On m'attend chez Bloomingdale's à trois heures et demie.

Il y eut un léger « pop » et Kugelmass se retrouva à Brooklyn.

— Alors ? Je vous avais menti ? lui demanda triomphalement Persky.

— Écoutez, Persky, dans l'immédiat, il faut que je retrouve ma chaîne et mon boulet à Lexington Avenue, mais quand pourrai-je retourner là-bas ? Demain ?

— À votre guise. Apportez simplement vingt dollars. Et surtout, ne parlez de tout ça à personne.

— C'est ça, je vais envoyer un communiqué à la presse !

Kugelmass héla un taxi et se fit conduire dans le centre. Son cœur faisait des bonds de joie. Je suis amoureux, pensa-t-il, je suis le détenteur d'un secret merveilleux. Il était loin de songer qu'à ce moment même, des étudiants, dans de nombreuses salles de classe des États-Unis, demandaient à leurs professeurs :

— Qui est donc le personnage de la page 100 ? Ce juif chauve qui embrasse Madame Bovary ?

Un prof de Sioux Falls, South Dakota, soupira et pensa, doux Jésus, ces gosses avec leur herbe et leur acide, qu'est-ce qu'ils ne vont pas inventer !

Daphné Kugelmass se trouvait au rayon des sanitaires à Bloomingdale's quand son mari la rejoignit, à bout de souffle.

— D'où viens-tu ? lança-t-elle. Il est quatre heures et demie !

— J'ai été coincé dans les embouteillages, dit Kugelmass.

Le lendemain, Kugelmass retourna voir Persky, et quelques minutes après, fut réexpédié par magie à Yonville. Emma ne put dissimuler son émotion en le voyant. Tous deux passèrent des heures délicieuses, à rire et à se raconter mutuellement leur vie. Avant le départ de Kugelmass, ils firent l'amour.

— Mon Dieu, je suis en train de le faire avec Madame Bovary ! se dit Kugelmass émerveillé. Moi qui ai raté l'agrégation d'anglais !

Des mois passèrent. Kugelmass, qui rendait régulièrement visite à Persky, développa une liaison tendre et passionnée avec Emma Bovary.

— Assurez-vous bien de toujours m'envoyer dans le roman avant la page 120, dit un jour Kugelmass au magicien. Je dois toujours la voir avant qu'elle ne s'amourache du personnage de Rodolphe.

— Pourquoi ? demanda Persky. Vous n'êtes pas sûr de vous ?

— Mettez-vous à ma place. C'est un hobereau de province. Ces gars-là n'ont rien d'autre à faire que flirter ou monter à cheval. Pour moi, ce n'est qu'une de ces figurines de mode qu'on voit dans les magazines féminins, avec une coiffure à la Helmut Berger. Mais pour elle, c'est le comble de la séduction !

— Et son mari, il ne soupçonne rien ?

— Il est à côté de ses pompes. C'est un petit médicastre sans envergure qui a peur de son ombre. Il se met au lit à dix heures, quand elle se prépare pour le bal... Oh, et puis zut !... À plus tard.

Et une fois encore, Kugelmass s'enferma dans le cabinet et fut transporté dans l'instant chez les Bovary à Yonville.

— Comment vas-tu, amour de ma vie ? demanda-t-il à Emma.

— Oh, Kugelmass, soupira Emma ! Ce que je dois endurer ! Hier soir, monsieur Qui-Tu-Sais s'est endormi à table, en plein milieu du dessert. Je rêve de dîners chez Maxim's, du bal de l'Opéra, et pour toute musique, je n'entends que des ronflements !

— Tout va bien, ma chérie, je suis là, maintenant, dit Kugelmass.

Il l'enlaça. J'ai bien droit au bonheur, pensa-t-il en respirant le délicat parfum français d'Emma et en enfouissant son nez dans ses cheveux. J'ai suffisamment souffert. J'ai entretenu suffisamment de psychanalystes. J'ai trop attendu. Elle est jeune, nubile, et je suis coincé ici, quelques pages après Léon et quelques pages avant Rodolphe. En m'introduisant dans les chapitres corrects, je suis sûr de maîtriser la situation.

Emma, il faut le dire, était tout aussi heureuse que Kugelmass. Elle avait longtemps été frustrée de vie mondaine, et le tableau qu'il lui dressait des lumières de Broadway, des voitures rapides, et des vedettes de Hollywood et de la TV exaltaient la jeune Française.

— Parle-moi encore de Frank Sinatra, l'implorat-elle tandis qu'ils passaient devant l'église de l'abbé Bournisien.

— Que te dire de plus ? C'est une super-vedette. Tous ses disques font un tabac. Rien ne peut entamer sa gloire.

— Et les Oscars ? demanda avidement Emma. Je donnerais n'importe quoi pour en obtenir un !

— Il faut d'abord faire l'objet d'une nomination.

— Je sais, tu me l'as déjà expliqué. Mais je suis convaincue que j'ai l'étoffe d'une vedette. Bien sûr, il faudra que je prenne un cours ou deux. Avec Strasberg, peut-être. Puis avec un bon impresario...

— On verra, on verra. J'en parlerai à Persky.

Ce soir-là, quand il regagna sain et sauf l'appartement de Persky, Kugelmass lui soumit l'idée qu'Emma voulait lui rendre visite à New York.

— Laissez-moi le temps d'y réfléchir, dit Persky. J'y arriverai peut-être. On a vu des choses plus étranges.

Ni l'un ni l'autre ne put en citer une seule.

— Où diable peux-tu bien passer tout ton temps ? aboya Daphné Kugelmass quand son mari rentra, tard ce soir-là. Tu fréquentes les putes, ou quoi ?

— Évidemment, c'est tout à fait mon genre, dit Kugelmass avec humeur. J'étais avec Léonard Popkin. On a discuté de l'agriculture socialiste en Pologne. Tu connais Popkin, quand il te branche sur un sujet...

— Je te trouve bizarre depuis quelque temps. Distant, lointain même. Tu n'as pas oublié l'anniversaire de mon père, samedi prochain ?

— Oh ! non, non, dit Kugelmass, se dirigeant vers la salle de bains.

— Toute ma famille sera là. On verra les jumeaux. Et le cousin Hamish. À propos, essaie de te montrer un peu poli avec le cousin Hamish, il t'aime bien.

— Oui, oui, les jumeaux, marmonna Kugelmass.

Il s'enferma dans la salle de bains, coupant la voix de sa femme. Adossé à la porte, il prit une profonde aspiration. Dans quelques heures, se dit-il, il se retrouverait à Yonville, auprès de sa bien-aimée. Et cette fois-ci, si tout se passait bien, il ramènerait Emma avec lui...

À trois heures et quart, le lendemain, Persky réutilisa son don magique. Kugelmass apparut devant Emma, frémissant d'impatience. Tous deux passèrent quelques heures à Yonville avec Binet, puis montèrent dans la calèche des Bovary. Suivant les instructions de Persky, ils se serrèrent étroitement l'un contre l'autre, fermèrent les yeux et comptèrent jusqu'à dix. Quand ils rouvrirent les yeux, la calèche s'arrêtait devant l'entrée latérale de l'Hôtel Plaza, où Kugelmass, optimiste, avait réservé un appartement dans la matinée.

— J'adore cet endroit ! C'est exactement ce que j'avais rêvé ! s'exclama Emma, en dansant joyeusement autour de la chambre. Puis elle découvrit la ville par la fenêtre :

— Oh, le Rockefeller Center ! Et là-bas, Central Park... le Sherry, où est-ce ? Oh, là, je le vois ! C'est trop beau !

Sur le lit s'empilaient des cartons de chez Saint-Laurent et Halston. Emma ouvrit un paquet, et en tira un pantalon de velours noir qu'elle tint appliqué devant son corps.

— Le complet-pantalon vient de chez Ralph Lauren, dit Kugelmass. Là-dedans, tu auras l'air d'un diamant dans son écrin. Viens me donner un baiser, m'amour.

— Je n'ai jamais été aussi heureuse ! clama Emma en s'examinant dans le miroir. Sortons vite ! Je veux voir *Chorus line*, et le musée Guggenheim, et ce Jack Nicholson dont tu me parles tout le temps ! Où joue-t-on ses films ?

— Je n'en crois pas mes yeux, dit un professeur de Stanford. D'abord cet étrange personnage nommé Kugelmass... et maintenant, c'est elle qui disparaît du roman ! Eh bien, je pense que c'est le propre des grandes œuvres classiques ; on peut les relire mille fois, et toujours y découvrir du nouveau...

Les amants passèrent un week-end inoubliable.
Kugelmass avait raconté à Daphné qu'il se rendait à
Boston pour un symposium et ne rentrerait que le
lundi. Savourant chaque minute, Emma et lui allèrent au cinéma, dînèrent à Chinatown, allèrent
danser dans une discothèque, et se couchèrent en
regardant un film à la télévision. Le dimanche, ils
dormirent jusqu'à midi, allèrent visiter Greenwich
Village, puis regarder les célébrités chez Elaine. Le
soir, ils se firent monter du caviar et du champagne
dans leur suite, et parlèrent jusqu'à l'aube. Le matin,
dans le taxi qui les emmenait chez Persky, Kugelmass pensa : on a fait une sacrée noce, mais ça en
valait la peine. Je n'aurai pas les moyens de la faire
venir très souvent, mais une fois de temps en temps,
ça lui fera un charmant contraste avec Yonville.

Chez Persky, Emma monta dans le cabinet, rangea
soigneusement autour d'elle les cartons renfermant
ses nouveaux vêtements, puis embrassa Kugelmass
avec violence :

— Chez moi, la prochaine fois, dit-elle en clignant
de l'œil.

Persky frappa trois fois sur le cabinet. Rien ne se
produisit.

— Hmm, fit Persky en se grattant la tête.

Il réitéra l'opération, mais sans effet notable. Il
murmura :

— Quelque chose a dû se détraquer.

— Persky, vous plaisantez ! crie Kugelmass. Il faut
que ça marche !

— Du calme, du calme. Emma, vous êtes toujours
dans la boîte ?

— Oui.

Persky frappa à nouveau, plus fort cette fois.

— Je suis toujours là, Persky.

— Je sais, ma belle. Ne bougez pas.

— Persky, il faut absolument que nous la renvoyions là-bas, souffla Kugelmass. Je suis un homme marié, et j'ai un cours dans trois heures. Je n'ai rien prévu pour un séjour plus long cette fois-ci.

— Je n'y comprends rien, marmonna Persky. Jusqu'ici, le truc a toujours fonctionné.

Mais il ne put rien y faire.

— Ça risque de prendre un petit moment, dit-il à Kugelmass. Il va falloir que je démonte tout. Je vous appelle dès que c'est réparé.

Kugelmass poussa Emma dans un taxi et la ramena au Plaza. Il arriva de justesse à son cours. Toute la journée, il téléphona à Persky et à sa maîtresse. Le magicien lui avoua qu'il lui faudrait peut-être plusieurs jours avant de trouver l'origine de la panne.

— Ton symposium était intéressant ? lui demanda Daphné ce soir-là.

— Très bien, très bien, dit-il en allumant une cigarette par le filtre.

— Qu'est-ce qui ne va pas ? Tu es agité comme une puce !

— Moi ? Ah, ah, tu plaisantes. Je suis calme comme une nuit d'été. Tiens, j'ai envie de faire un petit tour.

Il gagna la porte, sauta dans un taxi et vola jusqu'au Plaza.

— Ça risque de mal tourner, dit Emma. je vais manquer à Charles.

— Fais-moi confiance, biquet, dit Kugelmass.

Il était blême, en sueur. Il l'embrassa en vitesse, courut à l'ascenseur, appela Persky au secours d'une cabine publique du hall, et réussit à rentrer chez lui juste avant minuit.

— D'après Popkin, le prix de l'orge à Cracovie n'a jamais été aussi stable depuis 1971, dit-il à Daphné.

Il sourit faiblement et tomba sur son lit.

Toute la semaine, ce fut pareil.

Le vendredi soir, Kugelmass dit à Daphné qu'il devait absolument assister à un autre symposium, à Syracuse cette fois. Il se précipita au Plaza, mais ce nouveau week-end n'eut rien de commun avec le précédent.

— Ramène-moi dans le livre, ou épouse-moi, gémissait Emma. Et en attendant, je veux trouver du travail ou aller à l'université, parce que regarder la télé toute la journée, c'est l'angoisse.

— D'accord. On va avoir besoin d'argent. Tu consommes deux fois ton poids, et dans cet hôtel, la bouffe n'est pas donnée !

— J'ai rencontré un producteur de spectacles off-Broadway, hier à Central Park, et il a peut-être un rôle pour moi dans sa prochaine pièce, dit Emma.

— Qu'est-ce que c'est que ce comique ?

— Ce n'est pas un comique. C'est un garçon très sensible, gentil et mignon comme tout. Il est en course pour les Tony, les Oscars du théâtre...

En fin d'après-midi, Kugelmass, à moitié ivre, se rendit chez Persky.

— Détendez-vous, lui dit Persky, vous risquez l'infarctus.

— Me détendre ! Il me dit de me détendre ! J'ai une héroïne de roman planquée dans une chambre d'hôtel, et je suis sûr que ma femme me fait surveiller par un détective !

— D'accord, d'accord, on le sait, qu'il y a un problème.

Persky s'accroupit sous sa machine infernale, et se mit à taper sur quelque chose avec une grosse clé à molette.

— Je me sens comme un lion en cage, poursuivit Kugelmass. Je cours d'un bout de la ville à l'autre, et Emma et moi en avons ras le bol l'un de l'autre. Je ne parle même pas d'une note d'hôtel qui avoisine le budget de la Défense !

— Et que voulez-vous que j'y fasse ? Nous sommes dans le monde de la magie, il y a une nuance !

— Nuance mon cul. Je déverse du Dom Pérignon et des œufs d'esturgeon dans cette jolie petite bouche, plus sa garde-robe complète ! Et en plus, elle s'est inscrite à l'agence des comédiens indépendants et a besoin de photos professionnelles ! Et vous ne savez pas le pire, Persky ! Le professeur Fivish Kopkind, qui enseigne la littérature comparée, et qui a toujours été jaloux de moi, m'a formellement identifié comme le personnage qui apparaît de temps en temps dans le roman de Flaubert ! Il menace de prévenir Daphné ! Je vois s'approcher la ruine, la pension alimentaire, la prison ! Pour l'avoir trompée avec Madame Bovary, ma femme va me réduire à la mendicité.

— Que voulez-vous que je vous dise ? Je travaille sur cette foutue machine nuit et jour ! Et en ce qui concerne votre parano personnelle, je ne peux pas vous aider. Je suis magicien, pas psychanalyste !

Le dimanche après-midi, Emma s'enferma dans la salle de bains et refusa de répondre aux supplications de Kugelmass. Kugelmass regarda par la fenêtre le Chrysler Building et envisagea le suicide. Dommage que nous soyons à un étage peu élevé, songea-t-il, sinon je sauterais maintenant. Peut-être que si je m'enfuyais en Europe, je pourrais refaire ma vie... À Paris, je vendrais le *Herald Tribune*, comme font les jeunes filles dans les films de Godard.

Le téléphone sonna. Kugelmass porta mécaniquement le combiné à son oreille.

— Amenez-la, dit la voix de Persky, je crois que j'ai réparé le truc.

Le cœur de Kugelmass cessa de battre.

— Vous êtes sérieux ? Qu'est-ce que c'était ?

— Un cafouillage dans la transmission. Je vous attends.

— Persky, vous êtes un génie ! Nous arrivons dans une minute, et peut-être moins !

Une fois de plus, les amants se précipitèrent chez le magicien, et une fois de plus Emma Bovary s'installa dans le cabinet avec ses bagages. Cette fois-ci, il n'y eut pas de tendre baiser. Persky ferma les portes, respira lentement, puis frappa trois fois sur la boîte. On entendit un rassurant « pop », et quand Persky regarda à l'intérieur, l'habitacle était vide. Madame Bovary avait regagné son roman. Kugelmass laissa échapper un profond soupir de soulagement, et serra énergiquement la main du magicien.

— C'est fini, dit-il. Ça m'a servi de leçon. Plus jamais je ne tromperai ma femme, je le jure.

Il broya à nouveau la main de Persky, et nota mentalement de lui envoyer une cravate.

Trois semaines plus tard, à la fin d'un bel après-midi de printemps, on sonna chez Persky. C'était Kugelmass, qui arborait un sourire penaud.

— Tiens, tiens, Kugelmass ! De quoi s'agit-il encore ?

— Juste pour cette fois, implora Kugelmass. Il fait tellement beau, et je n'ai plus tellement de belles années devant moi... Écoutez, vous avez lu *le Complexe de Portnoy* ? Vous vous souvenez de La Guenon ?

— Le prix est actuellement de vingt-cinq dollars en raison de l'augmentation du coût de la vie, mais je vous garde à l'ancien tarif en raison des ennuis que je vous ai causés.

— Vous êtes un brave type, dit Kugelmass, peignant ses rares cheveux et grimpant dans le cabinet. Ça va marcher, oui ?

— J'espère. Mais je ne m'en suis pas tellement servi depuis toute cette déplaisante aventure...

— L'amour, le sexe, dit Kugelmass, que ne ferait-on pas pour une jolie frimousse !

Persky jeta dans la boîte un exemplaire du *Complexe de Portnoy*, et donna les trois coups fatidiques. Cette fois, au lieu du « pop » habituel se produisit une violente explosion, suivie d'une série de craquements et d'une pluie d'étincelles. Persky sauta en arrière, eut une crise cardiaque et tomba raide mort. Le cabinet s'enflamma, et finalement l'immeuble brûla de fond en comble.

Kugelmass, ignorant tout de cette catastrophe, avait bien d'autres problèmes. Il ne se trouvait pas dans *le Complexe de Portnoy*, ni dans aucun autre roman. À la suite d'une fatale confusion de Persky, il avait été projeté dans un vieux livre de classe, *la Grammaire espagnole*, et fuyait éperdument sur un terrain aride et rocailleux, devant le verbe *tener* (avoir) — un verbe irrégulier énorme et hirsute — qui le poursuivait à grandes enjambées.

Mon allocution

Aujourd'hui plus qu'à toute autre époque de son histoire, l'humanité est à un carrefour. Un chemin conduit à l'amertume et au désespoir absolu. L'autre à l'extinction pure et simple. Prions d'avoir la sagesse de faire le bon choix. Je ne m'exprime pas, à ce propos, avec une quelconque futilité, mais avec la terrifiante conviction de l'absurdité totale de l'existence, ce qui pourrait fâcheusement être interprété comme du pessimisme. Il n'en est rien. C'est tout juste une préoccupation salubre pour la situation de l'homme moderne. (L'homme moderne est ici défini comme toute personne née après que Nietzsche eut décrété « Dieu est mort » mais avant la chanson à succès « *I wanna hold your hand* ».) Cette « situation » peut être énoncée d'une façon ou d'une autre, bien que certains philosophes linguistes préfèrent la réduire à une équation mathématique, laquelle peut être aisément résolue, et même transportée dans son portefeuille.

Posé sous sa forme la plus simple, le problème est : comment est-il possible de trouver une signification à un univers limité, compte tenu de mon tour de taille et de ma pointure de col ? C'est une question très difficile, quand nous prenons conscience que la science nous a trahis. Bien sûr, elle a vaincu bien des maladies, réformé le code génétique, placé même des hommes sur la lune, et pourtant quand un homme de quatre-vingts ans est laissé dans une pièce avec deux bunnies de dix-huit printemps, il ne se passe rien ! Parce que le problème fondamental ne change jamais. En effet, peut-on étudier l'âme humaine sous un microscope ? Peut-être, mais vous aurez certainement besoin du tout dernier modèle, avec binoculaire. Nous savons que le computer le plus perfectionné du monde possède un cerveau beaucoup moins sophistiqué que celui d'une vulgaire fourmi. Bien sûr, nous pouvons en dire autant de la plupart de nos amis et connaissances, mais nous n'avons affaire à eux que pour les mariages ou des occasions similaires. La science est une chose dont nous dépendons continuellement. Si j'éprouve une douleur dans la poitrine, je dois me faire radiographier. Soit, mais si les radiations des rayons X me causent des maladies plus graves ? Avant de m'en être rendu compte, je dois me faire opérer. Naturellement, au moment où ils m'insufflent de l'oxygène, un interne décide d'allumer une cigarette. Quand vous me revoyez, je suis en train de voler au-dessus du World Trade Center en vêtements de nuit. Est-ce là la science ? Évidemment, la science nous a appris comment pasteuriser le fromage. Mais quid de la bombe à hydrogène ?

Avez-vous déjà vu ce qui se passe quand un de ces engins tombe accidentellement de la table ? Et où est donc la science, quand on réfléchit aux énigmes éternelles ? Quelle est l'origine du cosmos ? Depuis combien de temps est-il installé là où il est ? Tout a-t-il commencé par une explosion, ou par la Parole de Dieu ? Et dans le second cas, n'aurait-Il pas pu commencer quinze jours plus tôt pour profiter de la saison sèche ? Que voulons-nous dire exactement par cette phrase : l'homme est mortel ? Manifestement, ce n'est pas un compliment.

La religion, elle aussi, et malheureusement, nous a laissé tomber. Miguel de Unamuno traite avec légèreté de « la persistance éternelle de la conscience », mais ce n'est pas du tout cuit. Surtout si on lit Thackeray. Je pense souvent combien la vie a dû être confortable pour l'homme primitif, puisqu'il croyait en un Créateur tout-puissant et bien disposé, qui prenait soin de tout. Imaginez sa déception quand il a vu sa femme prendre du poids. L'homme contemporain, bien sûr, ne connaît pas une telle paix de l'esprit. Il se trouve emporté dans une crise de foi. Il est ce que nous appelons avec pédanterie « aliéné ». Il a vu les ravages de la guerre, il a connu les catastrophes naturelles, il a fréquenté les bars mal famés. Mon excellent ami Jacques Monod a souvent parlé du « déterminisme du cosmos ». Il avait la conviction que tout événement de l'existence se produisait par pur hasard, avec une exception possible pour son petit déjeuner, dont il était certain qu'il était préparé par sa bonne. Naturellement, avoir foi en une intelligence divine inspire une certaine tranquillité. Mais elle ne nous libère pas de nos responsabilités humaines. Suis-je obligé de surveiller mon frère ?

Oui. Bien que dans mon cas, je partage cet honneur avec le zoo de Prospect Park. Éprouvant le besoin d'un dieu, nous avons fait de la technologie notre Dieu. Et pourtant, la technologie est-elle l'unique réponse quand ma nouvelle Buick flambant neuve, pilotée par mon estimé collègue Nat Zipsky, s'encadre dans la devanture du Palais du Poulet, provoquant la fuite éperdue d'une centaine de dîneurs ? Mon grille-pain n'a pas fonctionné une seule fois correctement en quatre ans. Pourtant je respecte le mode d'emploi, je pousse deux tranches de pain dans les fentes, et une seconde plus tard elles jaillissent au plafond. Une fois même elles ont fracturé le nez d'une femme que j'aimais tendrement. Est-ce que nous pouvons compter sur les écrous, les boulons et l'électricité pour résoudre nos problèmes ? Soit, le téléphone est un appareil utile — comme le réfrigérateur et le climatiseur. Mais pas n'importe quel climatiseur. Celui de ma sœur Henny, par exemple. Il fait un boucan terrible, et pourtant ne distribue pas d'air frais. Quand le réparateur vient, c'est encore pire. Tantôt c'est ci, tantôt ça, et il finit toujours par lui dire d'en acheter un autre. Quand elle se plaint, il lui dit de ne pas l'embêter. Cet homme-là est réellement aliéné. Non seulement aliéné, mais il affiche un sourire perpétuel.

L'ennui est que nos dirigeants ne nous ont pas préparés de façon progressive à une société mécanisée. Malheureusement, nos politiciens sont soit incompétents soit corrompus. Quelquefois, les deux en même temps le même jour. Le gouvernement décline toute responsabilité quant aux besoins de l'homme moyen. Avant cinq heures, il est impossible de joindre un député par téléphone. Je n'entends nullement nier que la démocratie soit encore la meilleure forme de gouvernement. En démocratie, au moins, les libertés individuelles sont maintenues. Aucun citoyen ne peut être inconsidérément torturé, jeté en prison ou obligé d'assister à certains spectacles de Broadway. Nous sommes loin, on le voit, de ce qui se produit en Union soviétique. Sous cette forme de totalitarisme, tout personnage surpris en train de siffloter est condamné à trente ans de travaux forcés. Si au bout de quinze ans, il n'a toujours pas cessé de siffler, il est exécuté. Conjointement à ce fascisme ordinaire, nous trouvons son corollaire, le terrorisme. À aucune autre époque de l'histoire, l'homme n'a eu aussi peur en coupant sa côtelette de veau, de crainte qu'elle n'explose. La violence appelle une contre-violence encore plus terrible, et les politologues prédisent que d'ici 1999, le mode dominant d'action sociale sera le kidnapping. La surpopulation multipliera les problèmes jusqu'au point de rupture. Les statistiques nous disent qu'il y a déjà beaucoup plus d'hommes sur terre qu'il n'en faut pour remuer un piano à queue. Si nous ne contrôlons pas les naissances, en l'an 2000 il n'y aura plus de place pour servir le dîner, à moins qu'on ne dresse le couvert sur la tête de parfaits étrangers. Ils ne pourront plus bouger pendant toute la durée de notre repas. Bien sûr, il y aura pénurie d'énergie, et chaque possesseur d'automobile se verra allouer juste assez d'essence pour effectuer une rapide marche arrière.

Au lieu de faire face à ces problèmes, nous préférons nous tourner vers des dérivatifs tels que la drogue ou le sexe. Nous vivons dans une société beaucoup trop permissive. Jamais encore la pornographie ne s'était étalée avec une telle impudeur. Et en plus, les films sont flous ! Notre peuple manque de buts définis. Nous n'avons jamais appris à nous aimer. Nous manquons de chefs et de programmes cohérents. Nous n'avons plus de maîtres à penser. Nous dérivons solitaires dans le cosmos, assouvissant violence après violence, signe de douleur profonde et de frustration. Heureusement, nous n'avons pas perdu notre sens des proportions. En résumé, il est clair que l'avenir contient de grandes occasions. Il recèle aussi des pièges. Le problème sera d'éviter les pièges, de saisir les occasions et de rentrer chez soi pour six heures.

Le régime K.

Un beau jour, sans raison apparente, F. abandonna son régime. Il était allé déjeuner au café avec son inspecteur, Schnabel, pour discuter de certains sujets. Au sujet de ces sujets, Schnabel était resté dans le vague. Schnabel avait appelé F. la veille au soir, lui proposant de le rencontrer à déjeuner.

— Il y a plusieurs questions... lui avait-il dit par téléphone. Des conclusions qui demeurent en suspens... Ça peut attendre, bien sûr. Une autre fois, peut-être...

Mais F. avait ressenti une angoisse si déchirante quant à la nature exacte de cette invitation qu'il avait insisté pour une rencontre immédiate.

— Déjeunons ce soir, avait-il dit.

— Il est près de minuit, lui avait rétorqué Schnabel.

— Peu importe, avait dit F. On devra fracturer la

porte du restaurant, mais qu'est-ce que ça peut faire ?

— Ridicule. Ça peut attendre.

Schnabel avait raccroché.

F. haletait d'anticipation. Qu'ai-je donc fait ? pensa-t-il. Je me suis conduit comme un insensé vis-à-vis de Schnabel. Dès lundi, ça aura fait le tour de la boîte. Et c'est la deuxième fois ce mois-ci que j'ai eu un comportement aberrant.

En effet, trois semaines plus tôt, F. avait été surpris dans le bureau des photocopies, alors qu'il imitait le chant du pivert. Invariablement, quelqu'un du bureau se moquait de lui derrière son dos. Parfois, quand il se retournait rapidement, il découvrait trente ou quarante de ses collègues en train de lui tirer la langue. Aller à son travail lui était un cauchemar. D'abord, son bureau était tout au fond, très loin de la fenêtre, et tout air frais qui pénétrait dans le sombre local était respiré par les autres avant que F. ne puisse en profiter. Quand il passait chaque jour dans la travée centrale, des visages hostiles l'épiaient de derrière les registres, et critiquaient sa démarche. Un jour, Traub, un petit aide-comptable, lui avait adressé un signe de tête courtois, et quand F. lui avait rendu son salut, Traub lui avait lancé une pomme cuite. Au préalable, Traub avait obtenu la promotion qu'on avait promise à F., et s'était vu affecter une chaise supplémentaire. En revanche, la chaise de F. lui avait été volée des années auparavant, et en raison de démarches administratives à n'en plus finir, il n'avait jamais réussi à en réquisitionner une autre. Depuis lors, il travaillait debout derrière son bureau, s'accroupissant pour taper à la machine, conscient à tout moment que ses collègues le prenaient pour cible de leurs plaisanteries. Quand l'incident s'était produit, F. avait demandé une chaise.

— Je regrette, avait dit Schnabel, mais pour ça, il vous faudra voir le Ministre.

— Oui, oui, certainement, avait approuvé F.

Mais quand le moment fut venu de voir le Ministre, le rendez-vous fut reporté.

— Il ne peut pas vous recevoir aujourd'hui, dit un sous-fifre. Quelques problèmes vagues ont surgi, et il ne reçoit personne.

Les semaines s'écoulaient, et F. essaya sans relâche de voir le Ministre, mais sans succès.

— Tout ce que je veux, c'est une chaise, dit-il à son père. Ce n'est pas que ça m'ennuie de travailler courbé, mais quand je veux me détendre et que je pose les pieds sur mon bureau, je tombe en arrière.

— Raclure de bidet, lui dit son père sans grande sympathie, s'ils avaient meilleure opinion de toi, il y a longtemps que tu serais assis.

— Tu ne comprends pas ! crie F. J'ai essayé de voir le Ministre, mais il est toujours surchargé ! Et puis, quand je jette un coup d'œil par le trou de serrure je le vois toujours en train de danser le charleston !

— Le Ministre ne voudra jamais te voir, lui dit son père en se versant un xérès. Il n'a pas de temps à perdre avec des lavettes. Par contre, je me suis laissé dire que ton collègue Richter avait deux chaises. Une pour s'asseoir, et une pour la caresser et lui dire des mots tendres.

Richter ! pensa F. Ce crétin prétentieux qui avait eu une liaison secrète pendant des années avec la femme du bourgmestre, jusqu'à ce qu'elle découvre son secret. Richter avait précédemment travaillé dans une banque, mais des irrégularités s'étaient produites. D'abord, on l'avait accusé de détournement. Puis on apprit qu'il mangeait les billets de banque. « Les temps sont durs » avait-il dit pour toute défense. Chassé de la banque, il était venu travailler dans la firme qui employait F., et chacun croyait que sa connaissance parfaite du français faisait de lui l'homme idéal pour s'occuper des comptes parisiens. Mais au bout de cinq ans, il devint évident qu'il ne parlait pas un mot de français, mais se contentait de marmonner des onomatopées sans signification avec un accent fantaisiste, la bouche en cul de poule. Bien que Richter eût été rétrogradé, il avait réussi à rentrer dans les bonnes grâces du directeur. Il avait convaincu les membres du conseil d'administration que le magasin pourrait doubler ses bénéfices rien qu'en déverrouillant la porte d'entrée et en autorisant les clients à y pénétrer.

— Quel type, ce Richter ! dit le père de F. C'est pour ça qu'il restera toujours à la pointe des affaires, tandis que tu te morfondras dans ton trou, comme un insecte gluant aux pattes visqueuses, juste bon à être écrasé !

F. félicita son père d'avoir une aussi juste vision des choses, mais se sentit déprimé toute la soirée, sans savoir pourquoi. Il résolut de suivre un régime, et de devenir plus présentable. Non qu'il fût corpulent, mais de subtiles rumeurs courant la ville l'avaient accoutumé à l'insupportable notion que, dans certains milieux, il était considéré comme « ignoblement adipeux ». Mon père a raison, pensa F., j'ai l'air d'un cloporte répugnant. Quoi d'étonnant que, lorsque j'ai demandé une augmentation, Schnabel m'ait aspergé de Fly-Tox ! Je ne suis qu'un méprisable insecte croupissant, suscitant le dégoût universel. Je devrais vivre sous le lit, dans la poussière, ou m'arracher les yeux en signe d'abjection. C'est décidé, dès demain je commence mon régime.

Cette nuit-là, F. fit des rêves euphoriques. Il s'imaginait mince, et capable enfin de porter des jeans serrés, de ceux que seuls les hommes jouissant d'une réputation bien établie peuvent arborer sans déchoir. Il se voyait, jouant gracieusement au tennis, puis dansant avec des mannequins dans des clubs élégants. Le rêve s'acheva par une vision de F. se pavanant lentement à la corbeille de la Bourse aux accents du « Toréador » de Bizet, puis disant aux spectateurs avec une feinte modestie : « Pas mal, hein ? »

Il s'éveilla le lendemain matin dans une totale euphorie, et suivit un régime plusieurs semaines d'affilée, perdant environ sept kilos. Non seulement il s'en trouva mieux, mais sa chance sembla vouloir tourner.

— Le Ministre va vous recevoir, lui dit-on un jour.

F., en extase, fut introduit auprès du grand homme, qui le félicita :

— On me dit que vous suivez un régime de protides ?

— Viande maigre et salade, répondit F. Une coquille de beurre de temps en temps, mais pas de graisses et surtout pas de glucose.

— Impressionnant, dit le Ministre.

— Je me sens mieux dans ma peau, mais surtout j'ai considérablement réduit les risques de crise cardiaque ou de diabète, dit F.

— Je sais, je sais, fit le Ministre impatienté.

— Peut-être que maintenant, je pourrais obtenir quelque chose que j'attends depuis longtemps ? Je veux dire, si je reste à mon poids actuel...

— Nous verrons, nous verrons, dit le Ministre. Et le café ? Mi-café, mi-lait ?

— Oh, pas de café ! lui dit F. Rien que du lait écrémé. Je vous affirme, Monsieur, qu'aucun de mes repas ne me procure le moindre plaisir gustatif. Loin de là !

— Très bien, très bien. Nous en reparlerons un de ces jours.

Ce soir-là, F. rompit ses fiançailles avec Frau Schneider. Il lui écrivit un billet pour lui expliquer qu'en raison de la chute brutale de son taux de glycérine, il fallait renoncer à leur cher projet. Il lui demanda de le comprendre et ajouta que, si jamais son taux de cholestérol atteignait cent quatre-vingt-dix, il pourrait à nouveau la voir.

Puis vint le fameux déjeuner avec Schnabel — consistant pour F. en fromage sans matière grasse et une pêche. Quand F. demanda à Schnabel pourquoi il l'avait convoqué, le vieil homme se montra évasif :

— En particulier pour réévaluer certaines alternatives.

— *Quelles* alternatives ? demanda F.

Il ne parvenait à se souvenir d'aucune chose importante à moins qu'il ne l'ait oubliée.

— Oh, je ne sais pas au juste. Tout ça devient brumeux dans mon esprit, et je ne me rappelle plus le but de ce déjeuner.

— Je crois que vous me cachez quelque chose, dit F.

— Ridicule. Prenez un dessert.

— Non, merci, Herr Schnabel. Pour vous parler franchement, je suis en plein régime.

— Il y a longtemps que vous n'avez pas mangé de crème chantilly ? Ou un éclair au chocolat ?

— Oh, des mois ! fit F.

— Ça ne vous manque pas ?

— Ma foi, si. J'avais l'habitude d'ingurgiter des tas de sucreries. Mais la discipline avant tout... Vous comprenez.

— Vraiment ?

Schnabel parlait la bouche pleine, se régalant d'une épaisse pâtisserie recouverte de chocolat, et F. constatait son plaisir.

— Dommage que vous soyez aussi strict. La vie est courte. Vous êtes sûr de ne pas vouloir en goûter juste une petite bouchée ?

Avec un sourire pervers, Schnabel présenta à F. un morceau au bout de sa fourchette.

F. sentit sa tête tourner.

— Il est vrai, dit-il, que je pourrai toujours reprendre mon régime demain...

— Bien sûr, bien sûr. C'est évident.

Bien que F. eût pu résister, il succomba.

— Garçon, commanda-t-il d'une voix tremblante, je prendrai aussi un éclair.

— Bien, bien ! fit Schnabel. Vous y venez ! Soyez donc des nôtres. Peut-être que si vous vous étiez montré un peu plus coulant dans le passé, certaines questions auraient été résolues depuis longtemps — si vous voyez ce que je veux dire ?

Le garçon apporta un éclair et le déposa devant F.

F. eut l'impression que l'homme adressait un clin d'œil à Schnabel, mais sans en être certain. Il commença de manger le gâteau tentateur, ébloui par son goût capiteux.

— Fameux, hein ? fit Schnabel avec un sourire connaisseur. Bien sûr, c'est bourré de calories !

— Vous pouvez le dire ! fit F., les yeux exorbités ; ça va me tomber directement sur les hanches.

— Vous faites tout retomber sur vos hanches, n'est-ce pas ? demanda Schnabel.

F. haletait. Une marée de remords envahit les moindres canaux de son corps. Dieu du Ciel, qu'ai-je fait ? pensa-t-il. J'ai rompu mon régime ! J'ai englouti un gâteau, en toute connaissance des conséquences ! Demain, je serai obligé de changer ma garde-robe !

— Quelque chose ne va pas, monsieur ? s'enquit le garçon, avec un sourire de connivence pour Schnabel.

— Oui, que se passe-t-il ? ajouta Schnabel. Vous avez l'air de quelqu'un qui vient de commettre un crime.

— Je vous en prie, je ne peux pas parler maintenant ! J'ai besoin d'air ! Voulez-vous payer l'addition ? La prochaine fois, ce sera mon tour.

— Certainement, dit Schnabel. Je vous retrouverai au bureau. J'ai entendu dire que le Ministre veut vous voir, au sujet de certaines accusations...

— Quoi ? Quelles accusations ? demanda F.

— Oh, je ne sais pas exactement. Il y a eu des rumeurs. Rien de bien précis. Quelques questions auxquelles vous devrez répondre devant les autorités. Tout ça peut attendre, bien sûr, si vous avez encore faim, Gros-Lard.

F. jaillit de la table et courut par les rues hostiles jusqu'à sa maison. Il tomba à genoux sur le parquet devant son père et pleura.

— J'ai cessé mon régime, sanglota-t-il. Dans un moment de faiblesse, j'ai commandé un dessert. Je t'en supplie, pardonne-moi ! J'implore ta pitié !

Son père l'écouta calmement, et dit :

— Je te condamne à mort.

— Je savais que tu comprendrais ! dit F.

Là-dessus, les deux hommes s'étreignirent, et réaffirmèrent leur détermination de consacrer tous leurs moments de liberté aux autres.

L'amour
coupé en deux

La folie est une notion relative. Qui peut dire lequel de nous est réellement fou ? Et cependant que je déambule dans Central Park avec mon masque de chirurgien et mes vêtements bouffés aux mites, braillant des slogans révolutionnaires et poussant des éclats de rire hystériques, je continue à me demander si ce que j'ai fait était tellement irrationnel. Car, cher lecteur, je n'ai pas toujours été ce qu'on appelle communément « un barjot new-yorkais », s'arrêtant devant les poubelles pour remplir son sac à provisions de bouts de ficelle et de capsules de bière. Non, j'ai été autrefois un médecin de grand renom, habitant dans l'East Side, vadrouillant à travers la ville dans une Mercedes métallisée, et audacieusement vêtu des plus coûteux tweeds de chez Ralph Lauren. Il est difficile de croire que moi, le Docteur

Ossip Paris, figure bien connue des premières théâ-
trales et des lieux en vogue, Sardi's, le Lincoln Center
et les Hampton, menant la grande vie et célèbre pour
son revers au tennis, suis le même individu qu'on
peut voir patiner à roulettes avec une barbe de huit
jours dans le bas-Broadway, un sac sur le dos et coiffé
d'une casquette Mickey...

Le dilemme qui précipita cette spectaculaire
dégringolade sociale fut tout simple. Je vivais avec
une femme dont j'étais follement épris et qui possédait une personnalité très forte. Intelligente, délicieuse, cultivée, pleine d'humour ; bref, le bonheur
de tout homme normalement constitué. Mais (et je ne
maudirai jamais suffisamment la Fatalité pour ce
détail) elle ne m'excitait pas sexuellement. De plus, je
traversais la ville toutes les nuits pour rencontrer une
cover-girl nommée Tiffany Schmeederer, dont l'abominable caractère était en proportion inverse des
radiations érotiques qu'elle émanait par chacun de
ses pores. Indubitablement, cher lecteur, vous avez
entendu l'expression « une mangeuse d'hommes »,
eh bien cette Tiffany était une mangeuse boulimique,
et ne s'interrompait pas une seconde pour boire. Une
peau semblable à du satin, que dis-je, à une soie de
chez Gucci, une somptueuse crinière de cheveux
dorés, de longues jambes flexibles, et une silhouette
si pleine de rotondités et courbes diverses que, rien
qu'à la caresser de la main, on avait l'impression
d'être dans le Grand Huit. Ce qui ne veut pas dire que
la fille avec qui je vivais, la profonde et scintillante
Olive Chomsky, fût un boudin, physiquement parlant. Bien au contraire. C'était une femme superbe,
dotée de tous les attributs nécessaires, s'ajoutant à
une culture sans failles, et, pour dire crûment les

choses, une super-affaire au pieu. Peut-être était-ce le fait que, lorsque la lumière frappait Olive selon un certain angle, elle me rappelait inexplicablement ma tante Rifka. Non qu'Olive *ressemblât* à la sœur de ma mère. (Rifka était le sosie d'un personnage du folklore juif qu'on appelle le Golem.) Il s'agissait d'une simple similitude au niveau du regard, et encore juste dans le clair-obscur. C'était peut-être ce fameux tabou de l'inceste, ou peut-être plus simplement qu'un visage et un corps comme ceux de Tiffany Schmeederer ne se rencontrent qu'une fois en des millions d'années, et annoncent généralement la venue d'une période glaciaire, ou la fin du monde... Enfin bref, je voulais ce que chacune de ces deux femmes avait de meilleur.

Je rencontrai d'abord Olive. Et ceci après une succession interminable de liaisons dans lesquelles ma partenaire me laissa toujours insatisfait. Ma première femme était intelligente, mais n'avait aucun sens de l'humour. Elle était convaincue que le plus drôle des Marx Brothers était Zeppo. Ma seconde épouse était belle, mais dépourvue de tempérament. Je me souviens qu'une fois, alors que nous faisions l'amour, une curieuse illusion d'optique se produisit, et, l'espace d'une seconde, elle eut presque l'air de bouger. Sharon Pflug, avec qui je vécus trois mois, était trop belliqueuse. Whitney Weisglas trop soumise. Pippa Mondale, une joyeuse divorcée, commit l'erreur fatale de vouloir garder chez elle des bougies ayant la forme de Laurel et Hardy.

Des amis bien intentionnés m'organisèrent une

incroyable série de rencontres avec des femmes qui semblaient toutes sortir de l'imagination de H.P. Lovecraft. Les petites annonces de *la Quinzaine littéraire de New York* auxquelles j'eus un moment recours en désespoir de cause, s'avérèrent décevantes, la « poétesse de trente ans » en ayant soixante, l'« étudiante aimant Bach et Camus » ressemblant à Sartre, et la « bisexuelle libérée » me disant que je ne coïncidais avec aucun de ses goûts. Ce qui ne veut pas dire que, de temps en temps, un morceau de choix ne se montrât point : une femme sculpturale, intelligente et sensuelle, bourrée de qualités et d'argent. Mais celle-là, obéissant à quelque loi, non écrite, remontant soit à l'Ancien Testament, soit au *Livre des morts* égyptien, celle-là me repoussait. C'est pourquoi j'étais le plus misérable des hommes. En surface, doté de toutes les qualités pour être heureux. En profondeur, recherchant désespérément un amour gratifiant.

De longues nuits solitaires m'incitèrent à pondérer mes idées esthétiques sur la perfection. Existe-t-il dans la nature quelque chose de réellement « parfait », à l'exception de la stupidité de mon oncle Heyman ? Qui suis-je donc pour exiger des autres la perfection ? Moi, avec mes multiples défauts. Je dressai une liste de mes défauts, mais ne parvins pas à dépasser : 1./ oublie son chapeau partout.

Connaissais-je quelqu'un qui aurait une « relation amoureuse exceptionnelle » ? Mes parents avaient bien vécu quarante ans ensemble, mais par pure animosité. Greenglass, un autre docteur de l'hôpital, avait épousé une femme qui ressemblait à un fromage de Hollande « parce qu'elle était gentille ». Iris Merman s'envoyait en l'air avec tout homme ayant le droit de vote dans les quarante-neuf États. Aucun couple ne pouvait être considéré comme heureux. Je commençai à avoir des cauchemars.

Je rêvai que j'entrais dans un bar pour célibataires, où j'étais attaqué par une horde de secrétaires sauvages. Elles brandissaient des couteaux et m'obligèrent à dire du bien de la municipalité de Brooklyn. Mon analyste me conseilla de transiger. Mon rabbin me dit « calme-toi, calme toi. Que penserais-tu d'une femme comme Mme Blitzstein ? Ce n'est peut-être pas un prix de beauté, mais elle sait mieux que personne se servir d'une arme à feu et se procurer de la nourriture en plein ghetto. » Je rencontrai une actrice qui m'avait affirmé que sa véritable ambition était de devenir serveuse dans un routier ; celle-ci m'avait semblé prometteuse, mais, au cours d'un rapide souper, à tout ce que je lui disais, elle ne sut que répondre « c'est planant ! ». Puis, un beau soir, dans un effort pour me détendre après une journée particulièrement pénible à l'hôpital, je me rendis seul à un concert de Stravinsky. Pendant l'entracte, je rencontrai Olive Chomsky, et ma vie changea.

Olive Chomsky, ironique, qui citait Eliot et jouait au tennis, ainsi que les *Inventions* de Bach au piano, qui ne disait jamais « oh, super ! » ni ne portait quoi que ce soit griffé Pucci ou Gucci ni n'écoutait de la country music à la radio. Et qui, entre parenthèses, voulait toujours s'ingénier à faire l'indicible et dire l'infaisable. Quelle période merveilleuse je passai avec elle jusqu'à ce que mes performances sexuelles (qui figurent, je crois, dans le *Livre des records*) s'affaiblissent. Concerts, films, dîners et week-ends, discussions passionnantes et interminables sur tous les sujets, de *Peanuts* au Rig-Veda. Jamais une sottise ne sortait de sa bouche. Que du profond. Que du spirituel. Et, comme il se doit, toute la causticité souhaitable envers les cibles essentielles : politiciens, télévision, chirurgie esthétique, promoteurs immobiliers, porteurs de médailles, écoles de cinéma, et toute personne commençant ses phrases par « À la base ».

Oh, que maudit soit le jour où un maudit rayon de lumière frôlant les traits ineffables de ce visage me remit en mémoire la face stupide de tante Rifka ! Et que soit aussi maudit le jour, où, lors d'un vernissage à Soho, un archétype d'érotisme, doté du nom improbable de Tiffany Schmeederer rajusta sa chaussette de laine et me dit d'une voix évoquant celle de la souris des dessins animés : « De quel signe êtes-vous ? » Je me sentis pousser des poils et des crocs, tel le lycanthrope bien connu, et me sentis obligé d'entamer avec elle une rapide discussion sur l'astrologie, sujet provoquant chez moi un intérêt sensiblement égal à celui que je porte aux rayons alpha ou à la capacité des albinos à trouver des trésors.

Des siècles plus tard, je me retrouvai dans un état de cire fondante alors que l'ultime dentelle de ses dessous tombait silencieusement de ses hanches sur le sol ; j'entonnai inexplicablement l'hymne national hollandais, puis nous commençâmes à faire l'amour dans le style acrobatique. C'est ainsi que cela commença.

Alibis pour Olive. Rencontres furtives avec Tiffany. Excuses pour la femme que j'aimais, alors que je dilapidais mon désir avec une autre femme. Ou pour être plus précis, avec un petit yo-yo creux dont le contact et les évolutions faisaient sauter le couvercle de mon crâne, qui s'envolait très loin, telle une soucoupe violente. Je trahissais mes responsabilités dues à la femme de mes rêves pour une obsession physique assez semblable à celle qu'Emil Jannings subissait dans *L'Angle bleu*. Une fois, je feignis d'être malade, demandant à Olive d'aller écouter avec sa mère une symphonie de Brahms, afin de satisfaire le caprice masochiste de ma bête à plaisir, qui tenait à ce que je vienne regarder avec elle le Quitte ou double à la télévision, parce que la vedette invitée était Johnny Cash ! Bien sûr, après que j'eus fait mon devoir en m'envoyant le spectacle, elle m'en récompensa en baissant les lumières et en expédiant ma libido en folie jusqu'à la planète Neptune. Une autre fois, je racontai tout bonnement à Olive que j'allais acheter les journaux. Alors, je courus plusieurs kilomètres pour retrouver Tiffany, bondis dans l'ascenseur, mais comme il fallait s'y attendre, l'infernale machine tomba en panne. Je tournai comme un couguar captif entre deux étages, incapable d'assouvir mon désir brûlant, et tout aussi incapable de rentrer chez moi dans un laps de temps crédible. Enfin délivré par les pompiers, j'échafaudai dans la fièvre un mensonge plausible pour Olive, impliquant, outre moi-même, deux crocodiles des Indes et le monstre du loch Ness.

Heureusement, la chance était de mon côté, et elle dormait quand je rentrai à la maison. La pudeur innée d'Olive lui interdisait de penser que je puisse la tromper avec une autre femme, et comme la fréquence de nos relations sexuelles s'était ralentie, je pus conserver suffisamment de vigueur pour la satisfaire, du moins en partie. Constamment bourrelé de remords, je lui dispensai des alibis vaseux tels que la fatigue due au surmenage, qu'elle accepta avec la naïveté d'un ange. Pourtant, toute cette épreuve finit par me miner au fil des jours, et je me mis à ressembler de plus en plus au tableau d'Edvard Munch, *l'Écorché*.

Ayez pitié de mon dilemme, cher lecteur ! Cette situation afflige peut-être une grande partie de mes contemporains : ne jamais trouver toutes les qualités que l'on cherche réunies en un seul membre du sexe opposé ! D'un côté, l'abîme béant du compromis. De l'autre, l'existence survoltée et répréhensible de l'homme infidèle. Les Français avaient-ils raison ? L'astuce consistait-elle à avoir une femme et aussi une maîtresse, chacune des deux étant au courant de l'existence de l'autre ? Je savais bien que si je disais la vérité à Olive, toute compréhensive qu'elle fût, j'aurais eu de fortes chances de finir empalé sur son parapluie. Je devenais soucieux, déprimé, et j'envisageais le suicide. Je portai un pistolet à ma tempe, mais au dernier moment, mes nerfs craquèrent et je tirai en l'air. La balle traversa le plafond, terrorisant ma voisine du dessus, Mme Fitelson, qui sauta sur une rangée de sa bibliothèque et y resta perchée pendant toute la durée des grandes vacances.

Puis un soir tout s'éclaircit. Tout soudain, et avec cette lucidité qu'on attribue généralement au LSD, mon plan d'action devint limpide. J'avais emmené Olive voir la reprise d'un vieux film de Bela Lugosi. Dans la scène cruciale, Lugosi, un savant fou, échange le cerveau d'une innocente victime contre celui d'un gorille, tous deux étant attachés sur des tables d'opérations pendant un violent orage. Si une telle chose pouvait être inventée par un scénariste dans le domaine de la fiction, un grand chirurgien tel que moi devait pouvoir l'accomplir dans la vie réelle.

Eh bien, cher lecteur, je ne vais pas vous ennuyer avec des détails purement techniques, difficiles à comprendre pour un cerveau de moyenne grosseur. Qu'il me suffise de dire que, par une nuit d'orage particulièrement obscure, on aurait pu entrevoir une silhouette introduire clandestinement deux femmes droguées (dont une pourvue de courbes à provoquer des bouchons) dans une salle d'opérations désaffectée de l'hôpital de la 5e Avenue. Là, tandis que la foudre tonnait et que les éclairs zigzaguaient dans le ciel, il réalisa une opération qui n'avait jusque-là été tentée que dans le monde fantasmagorique en celluloïd, par un acteur hongrois qui avait fait de la chair de poule une forme d'art.

Le résultat ? Tiffany Schmeederer, dont le cerveau se trouvait maintenant dans le corps moins spectaculaire d'Olive Chomsky, se trouva enfin délicieusement libérée de la hantise d'être un objet sexuel. Ainsi que Darwin nous l'a enseigné, son intelligence se développa peu à peu, et bien qu'elle ne soit pas devenue une nouvelle Marie Curie, cela lui permit de reconnaître la stupidité de l'astrologie, et de faire un heureux mariage. Olive Chomsky, mise soudain en possession d'une anatomie flamboyante, qui s'ajouta à tous ses autres dons, devint mon épouse, et l'envie de tout mon entourage.

Le seul ennui fut que, après plusieurs mois d'un bonheur sans mélange avec Olive – équivalant à tout ce qu'on peut lire dans *les Mille et Une Nuits*, je me lassai inexplicablement d'une femme aussi parfaite, et me découvris une passion frénétique pour Billie Jean Zapruder, une hôtesse de l'air, dont le corps plat, garçonnier, et l'accent nasillard me mirent dans des états indicibles. Ce fut à ce stade que je donnai ma démission à l'hôpital, me coiffai de ma casquette Mickey, pris mon sac à dos et me mis à patiner dans la semoule.

Souvenirs
d'un esthète

Brooklyn. Les rues bordées d'arbres. Le pont. Des églises et des cimetières partout. Et des confiseries. Un petit garçon aide un vieillard barbu à traverser et lui dit : « Bon Sabbat ». Le vieil homme sourit, et vide sa pipe sur la tête du gamin. L'enfant court en pleurant vers sa maison... Une chaleur accablante et humide s'abat sur le quartier. Les habitants sortent des chaises pliantes sur le trottoir après dîner, pour s'asseoir et causer. Brusquement, il commence à neiger. La confusion règne. Un marchand descend la rue, vendant des bretzels chauds. Il est poursuivi par des chiens et se réfugie dans un arbre. Malheureusement pour lui, l'arbre est déjà rempli de chiens.

« Benny ! Benny ! » Une mère appelle son fils. Benny a seize ans, mais est déjà fiché par la police. Quand il aura vingt-six ans, il ira sur la chaise électrique. À trente-six, il sera pendu. À cinquante, il dirigera une petite affaire de nettoyage à sec. Pour l'instant, sa mère sert le petit déjeuner et comme la famille est trop pauvre pour acheter du pain frais, il tartine sa confiture sur le journal.

Ebbets Field : les fanatiques de base-ball s'amassent dans Bedford Avenue dans l'espoir de récupérer les balles perdues qui passent par-dessus le mur du stade. Après huit relais sans résultat, la foule pousse un rugissement. Une balle vole par-dessus le mur, et les fans se la disputent violemment. Pour une raison mystérieuse, c'est un ballon de football, nul ne sait pourquoi. Plus tard dans la saison, l'entraîneur des Brooklyn Dodgers échangera sa femme contre un bon lanceur de Pittsburgh, puis s'échangera lui-même contre l'entraîneur des Braves de Boston et ses deux enfants.

Sheepshead Bay : un baigneur au visage tanné rit de tout son cœur en montrant son filet plein de crabes. Un crabe géant saisit le nez de l'homme entre ses pinces. L'homme ne rit plus. Ses amis le tirent d'un côté, tandis que les amis du crabe le tirent de l'autre. Le combat est égal. Quand le soleil se couche, ils y sont encore.

La Nouvelle-Orléans : un orchestre de jazz sous la pluie, dans un cimetière, joue des hymnes de deuil tandis qu'on porte le mort en terre. Maintenant, les musiciens attaquent une marche entraînante et commencent leur parade, qui les ramènera en ville. À mi-chemin, toutefois, quelqu'un s'aperçoit qu'ils n'ont pas enterré le bon mort. De plus, ils ne connaissaient même pas celui-là. La personne qu'ils ont enterrée n'était pas morte, ni même malade puisqu'elle chantait la tyrolienne. Ils retournent au cimetière et exhument le pauvre homme, qui les menace de leur faire un procès, aussi lui proposent-ils de faire nettoyer son costume et de leur envoyer la facture du teinturier. Pendant ce temps, plus personne ne sait qui est mort au juste. L'orchestre continue de jouer, pendant qu'on enterre successivement tous les hommes présents, selon le principe que le seul qui ne protestera pas sera le mort. Mais il apparaît très vite que personne n'est mort, et maintenant il est trop tard pour se procurer un défunt, à cause du départ en vacances.

C'est Mardi Gras. De la cuisine créole partout. Des foules déguisées défilent dans les rues. Un homme costumé en crevette est précipité dans une marmite de bisque fumante. Il a beau protester, personne ne croit qu'il n'est pas un crustacé. Finalement il montre son permis de conduire et on le laisse sortir de la soupe.

Beauregard Square est noir de monde. C'est ici que Marie Laveau pratiquait jadis le vaudou. Aujourd'hui un vieux sorcier haïtien vend des poupées et des amulettes. Un policier vient lui dire de circuler, et une discussion s'ensuit. Quand elle s'achève, le policier mesure huit centimètres de haut. Furieux, il essaie quand même de procéder à une arrestation, mais sa voix est si aiguë que personne n'entend ce qu'il dit. Puis un chat traverse la rue, et le policier est obligé de prendre la fuite.

Paris : les pavés humides. Et les lumières. Partout, des lumières ! Je rencontre un homme à la terrasse d'un café, c'est Henri Malraux. Étrangement, il semble convaincu que Henri Malraux, c'est moi. Je lui explique que Malraux, c'est lui, et que je ne suis qu'un simple étudiant. Entendant mes propos, il est grandement soulagé, car il est amoureux de Mme Malraux, et aurait détesté qu'elle fût ma femme. Nous nous entretenons de choses sérieuses, et il me dit que l'homme est libre de choisir son destin, et que tant qu'il n'aura pas compris que la mort est une partie de la vie, il ne comprendra pas l'existence. Puis il tente de me vendre une patte de lapin. Des années plus tard, nous nous revoyons lors d'un dîner, et à nouveau, il insiste pour que je sois Malraux. Cette fois-ci, j'entre dans son jeu, et je mange sa salade de fruits.

L'automne. Paris est paralysé par une nouvelle grève. Cette fois, ce sont les acrobates de cirque. Plus un seul ne fait son numéro, et la ville en est comme morte. Très vite, la grève s'étend aux jongleurs, puis aux ventriloques. Les Parisiens considèrent ces métiers comme des services publics indispensables, et les étudiants deviennent violents. Les grévistes surprennent deux Algériens en train de faire du main à main ; on leur rase la tête.

Une fillette de dix ans, aux yeux verts et aux longues nattes brunes dissimule une charge d'explosif dans la mousse au chocolat du ministre de l'Intérieur. À la première bouchée, il traverse le toit du Fouquet's et atterrit sain et sauf dans les Halles. Maintenant, les Halles ont disparu.

Traversée du Mexique en voiture : la misère est saisissante. Les grappes de sombreros évoquent les fresques d'Orozco. Il fait plus de cinquante degrés à l'ombre. Un pauvre Indien me vend une enchilada farcie de porc. Elle est délicieuse, et je la fais glisser avec un verre d'eau glacée. J'éprouve une sensation bizarre dans l'estomac, et me mets à parler hollandais. Soudain, une légère douleur abdominale m'oblige à me plier en deux comme un canif qu'on ferme. Six mois plus tard, je me réveille dans un hôpital mexicain, totalement chauve, et étreignant un fanion de la Yale University. Ce fut une terrible expérience ; on m'a dit que, tandis que je délirais de fièvre et frôlais la mort, j'ai commandé deux complets à Hong Kong.

Je reprends mes forces dans une salle remplie de paysans adorables, dont plusieurs deviendront par la suite d'excellents amis. Il y a Alfonso, dont la mère voulait qu'il devienne matador. Il fut embroché par un taureau, puis embroché par sa mère. Et Juan, un simple gardien de porcs qui, bien qu'il ne sût ni lire ni écrire, parvint à escroquer six millions de dollars à IBM. Et le vieil Hernandez, qui avait été le compagnon de Zapata pendant de nombreuses années, jusqu'à ce que le célèbre révolutionnaire le fasse arrêter pour lui avoir donné des coups de pied.

Pluie. Six jours entiers de pluie. Puis brouillard. Je suis dans un pub londonien avec Willie Maugham. Je suis désespéré parce que mon premier roman, *le Fier Émétique*, vient d'être fraîchement accueilli par la critique. Le seul article favorable, dans le *Times*, était gâché par la dernière phrase : « Ce livre est un ramassis de clichés imbéciles, sans équivalent dans toute la littérature occidentale ».

Maugham m'explique que, bien que cette citation puisse être interprétée de diverses façons, il ne serait pas raisonnable de l'utiliser pour la publicité de mon roman. À présent, nous remontons Old Brompton Road, et la pluie redouble. J'offre mon parapluie à Maugham, et il le prend bien qu'il en ait déjà un. Maintenant, Maugham porte deux parapluies ouverts, tandis que je me fais tremper à côté de lui.

— Il ne faut pas prendre la critique trop au sérieux, me dit-il. Ma première nouvelle a été sévèrement éreintée par un certain critique. J'ai d'abord broyé du noir, puis couvert cet homme de sarcasmes. Puis un jour, j'ai relu mon histoire et me suis rendu compte qu'il avait raison. Elle était faible et mal construite. Je n'ai jamais oublié cet incident, et bien des années plus tard, alors que la Luftwaffe bombardait Londres, j'ai allumé un projecteur sur le toit de ce critique.

Maugham s'arrête pour acheter et ouvrir un troisième parapluie.

— Pour être écrivain, poursuit-il, il faut prendre des risques et ne pas craindre le ridicule. J'ai écrit *le Fil du rasoir* avec un chapeau en papier sur la tête. Dans la première version de *Pluie*, Sadie Thompson était un perroquet. Nous tâtonnons. Nous cherchons. Quand j'ai commencé *Servitude humaine*, je n'avais en tête que la conjonction « et ». J'étais sûr qu'un roman avec « et » dedans pourrait être excellent. Et peu à peu, tout le reste a pris forme.

Une rafale de vent soulève Maugham du sol et le projette dans une maison. Il ricane. Puis il me donne le meilleur conseil qu'on puisse donner à un jeune auteur :

— À la fin d'une phrase interrogative, placez un point d'interrogation. Vous serez surpris de l'efficacité que ça prend.

Pourquoi j'ai tiré sur le Président

Oui. J'avoue. C'est moi, Willard Pogrebi, l'homme effacé qui naguère avait un avenir prometteur, qui ai tiré sur le Président des États-Unis. Heureusement pour les personnes présentes, un homme dans la foule heurta le Luger que je brandissais, faisant ricocher dans une enseigne McDonald's, la balle, laquelle alla se loger dans une andouillette à l'étalage de la charcuterie Himmelstein. À la suite d'une brève lutte au cours de laquelle plusieurs G-men firent un double nœud avec ma trachée, je fus maîtrisé et placé en observation.

Comment ai-je pu en arriver là, vous demandez-vous ? Moi, un personnage sans convictions politiques bien affirmées ; moi qui, enfant, n'avais pour ambition que de jouer du Mendelssohn au violoncelle, ou peut-être de danser sur les pointes dans les grandes capitales du monde ? Eh bien, tout a commencé il y a deux ans. Je venais d'être réformé de l'armée, suite à certaines expériences scientifiques exécutées sur moi à mon insu. Pour être plus précis, quelques-uns d'entre nous avaient été nourris de poulet rôti farci d'acide lysurgique, lors d'un programme de recherche destiné à déterminer la quantité de LSD qu'un homme peut supporter avant d'essayer de s'envoler au-dessus du World Trade Center. L'expérimentation des armes secrètes revêt une importance capitale pour le Pentagone ; ainsi, la semaine précédente, j'avais été piqué par un dard à la pointe enduite d'un produit qui m'avait transformé en Salvador Dali pendant quarante-huit heures. Les effets secondaires s'accumulant affectèrent les organes de perception. Quand j'en arrivai au point de ne plus pouvoir distinguer mon frère Morris de deux œufs mollets, ils me démobilisèrent.

À l'hôpital des vétérans, une thérapie par électrochocs me fut d'une utilité certaine, bien que les fils aient croisé ceux du laboratoire de psychologie du comportement animal, de sorte que j'aboutis dans une troupe de chimpanzés qui interprétaient *la Cerisaie* dans un anglais parfait. Démuni d'argent, et lâché seul dans la nature, je me souviens d'avoir fait de l'auto-stop en direction de l'ouest. Je fus ramassé par deux natifs de Californie, un jeune homme charismatique doté d'une barbe à la Raspoutine, et une jeune femme charismatique avec une barbe à la Svengali. Ils m'expliquèrent que j'étais exactement l'homme qu'ils cherchaient, puisqu'ils étaient en train de retranscrire la Kabbale sur parchemin et étaient à court de sang. J'essayai bien de leur expliquer que j'allais à Hollywood dans le but d'y trouver un travail honnête, mais leurs regards hypnotiques – et un couteau long comme un aviron – finirent par me convaincre de leur sincérité. Je me souviens d'avoir été emmené dans un ranch désaffecté, où plusieurs jeunes femmes hallucinées me gavèrent d'aliments diététiques non traités, puis tentèrent de graver un pentagramme sur mon front au moyen d'un fer rouge. Je dus assister ensuite à une messe noire durant laquelle des adolescents en cagoules scandaient les mots « oh, ah » en latin. Je me rappelle vaguement qu'on me fit prendre du peyotl et de la cocaïne, et manger une substance blanchâtre extraite de cactus bouillis après quoi ma tête se mit à pivoter totalement sur elle-même comme une antenne de radar. Bien d'autres détails m'échappent, mais je fus traumatisé quand on m'arrêta à Beverly Hills deux mois plus tard pour avoir tenté d'épouser une huître.

Après avoir été relâché du poste de police, j'eus plus que jamais besoin de retrouver quelque paix intérieure si je voulais préserver le peu qui restait de ma santé précaire. J'avais été plus d'une fois sollicité dans la rue par de zélés prosélytes, promettant le salut éternel grâce au Révérend Chow Bok Ding, un prophète au visage de lune, qui combinait l'enseignement de Lao-Tseu et la sagesse de Robert Vesco. Cet homme de goût avait renoncé à toutes celles de ses possessions terrestres qui excédaient celles de Citizen Kane. Le Révérend Ding m'exposa ses deux modestes objectifs. L'un était d'inculquer à ses adeptes les vertus de prière, jeûne et fraternité, et l'autre était de les engager dans une guerre de religion contre les pays de l'OTAN. Ayant assisté à plusieurs homélies, je remarquai que le Révérend Ding abusait d'une loyauté aveugle, et que toute diminution de ferveur le mettait en fureur. Quand je fis remarquer que, à mon avis, les ouailles du Révérend étaient systématiquement transformées en zombies sans âme par un escroc mégalomane, cela fut pris pour une critique. Quelques instants plus tard, j'étais traîné promptement par la lèvre inférieure dans une partie éloignée du temple, où certains favoris du Révérend, taillés comme des lutteurs de sumo, me suggérèrent de réévaluer ma position dans une cellule pendant quelques semaines, sans distractions impies telles que nourriture ou boisson. Pour plus ample informé du désappointement provoqué par mon attitude, un poing d'acier fut appliqué contre mes gencives avec une régularité de métronome et la force d'un marteau-piqueur. La seule chose qui m'empêcha de devenir fou, ce fut mon mantra personnel, que je ne cessais de répéter mentalement : « Ouille ». Je finis par succomber à la terreur et commençai à être la proie d'hallucinations. Je me souviens d'avoir distinctement vu Frankenstein passer à ski devant Covent Gardens en mangeant un hamburger. Bref, ça n'allait pas fort.

Un mois plus tard, je repris mes sens dans un hôpital, à peu près rétabli, à l'exception de quelques contusions et de la ferme conviction que j'étais Igor Stravinsky. J'appris que le Révérend Ding avait été traîné en justice par un gourou de quinze ans, afin de déterminer lequel des deux était le vrai Dieu et aurait le droit de louer pour ses réunions le Madison Square Garden. L'affaire se résolut grâce à l'intervention de la Brigade Mondaine, et les deux prophètes furent appréhendés au moment où ils tentaient de franchir la frontière mexicaine à Nirvana.

Vers cette époque, bien que physiquement intact,

je souffrais de l'instabilité caractérielle d'un Caligula, et dans l'espoir de restaurer ma psyché ébranlée, je me portai volontaire pour un séminaire PET – Perlemutter Ego Thérapie – ainsi nommé d'après son fondateur charismatique, Gustave Perlemutter. Perlemutter, un ancien saxophoniste bop était venu assez tard à la psychothérapie, mais sa méthode avait attiré de nombreuses vedettes de cinéma, lesquelles juraient qu'il avait changé leur vie de façon beaucoup plus profonde que la rubrique astrologique de *Cosmopolitan*.

Un groupe de névropathes, dont la plupart étaient passés par des traitements plus conventionnels, fut emmené dans une plaisante propriété rurale non loin d'une source thermale. Je pense que j'aurais dû soupçonner quelque chose en voyant les barbelés et les chiens-loups, mais les adjoints de Perlemutter nous affirmèrent que les cris que nous entendions au loin étaient tout bonnement primaux. Obligés de rester assis raides sur des chaises au dossier dur, sans un instant de repos pendant soixante-douze heures, notre résistance s'affaiblit peu à peu, et nous laissâmes sans protester Perlemutter nous lire des extraits de *Mein Kampf*. Plus le temps passait, plus il devenait évident qu'il était un psychotique intégral, dont la thérapie consistait en invites sporadiques à l'applaudir.

Quelques-uns d'entre nous, les plus déçus, essayèrent de partir, mais à leur vif chagrin, découvrirent que les clôtures étaient électrifiées. Bien que Perlemutter affirmât avec insistance qu'il était un médecin de l'âme, je remarquai qu'il recevait des coups de téléphone de Yasser Arafat, et si un raid-surprise des agents de Simon Wiesenthal n'était survenu à la dernière minute, nul ne sait ce qui aurait pu se produire.

À bout de nerfs, et rendu cynique par cette succession de drames, j'élus résidence à San Francisco, gagnant ma vie de la seule façon qui me fût désormais possible, en devenant agitateur à Berkeley et mouchard pour le FBI. Pendant plusieurs mois, je vendis et revendis des bribes d'informations aux agents fédéraux, concernant pour la plupart un présumé plan de la CIA pour tester la résistance des citoyens de New York en mettant du cyanure de potassium dans les réserves d'eau potable. Ces petits travaux, ajouté à un emploi temporaire de répétiteur pour films pornos, me permettaient à peine de joindre les deux bouts. Puis un soir, comme j'ouvrais ma porte pour sortir la poubelle, deux hommes bondirent imprévisiblement de l'obscurité, et me jetant une housse à fauteuil sur la tête, m'enfermèrent dans le coffre d'une voiture. Je me souviens d'avoir été piqué, et avant de perdre conscience, j'entendis des voix disant que j'étais plus lourd qu'une certaine Patty, mais plus léger que Hoffa. Je m'éveillai dans un endroit obscur, où je subis une totale privation sensorielle trois semaines durant. À la suite de quoi, je fus chatouillé par des professionnels, puis deux hommes me chantèrent des chansons country et western jusqu'à ce que j'accepte de faire tout ce qu'ils m'ordonneraient. Il m'est impossible d'affirmer ce qui se passa ensuite, car c'était probablement le résultat de mon lavage de cerveau, mais on m'amena dans une pièce où le président Gerald Ford me serra la main et me demanda si je voulais bien le suivre à travers tout le pays, et lui tirer dessus de temps à autre, en faisant bien attention à ne pas l'atteindre. Il me dit que cela lui donnerait l'occasion de se comporter courageusement, et servirait de distraction aux autochtones, avec lesquels il manquait de contact. Affaibli tel que je l'étais, j'acceptai tout ce qu'il voulut. C'est le surlendemain que l'incident de la Charcuterie Himmelstein se produisit.

Un pas de géant
pour la science

Déjeunant hier d'un civet de sésame – la spécialité de mon restaurant favori – je fus bien malgré moi forcé d'écouter un auteur dramatique de mes relations défendre son dernier ouvrage contre une critique unanime, dont le ton évoquait quelque *Livre des morts* thibétain. Tirant des comparaisons hasardeuses entre le dialogue de Sophocle et le sien propre, Moses Goldworm dévorait sa côtelette de soja et s'emportait contre les critiques new-yorkais. Je ne pouvais bien entendu rien faire sinon lui prêter une oreille sympathique et l'assurer que la phrase « un dramaturge du degré zéro » pouvait être interprétée de différentes façons. Puis, en moins de temps qu'il n'en faut à un cyclone pour se calmer, le Molière raté se souleva à demi sur son siège, soudain incapable d'articuler une parole. Agitant frénétiquement les bras, puis étreignant sa gorge, le malheureux devint bleu, de ce bleu qu'on associe généralement au peintre Gainsborough.

— Mon Dieu, que se passe-t-il ? s'écria quelqu'un, tandis que l'argenterie tintait sur le sol et que toutes les têtes se tournaient.

— Il a une attaque cardiaque ! piaula une serveuse.

— Non, non, c'est une simple convulsion ! fit un homme à la table voisine.

Goldworm continuait à se contorsionner, et à agiter ses bras, mais avec moins d'énergie. Puis, tandis que divers hystériques bien intentionnés proposaient quantité de remèdes-miracles, l'auteur dramatique confirma le diagnostic de la serveuse en s'écroulant sur le sol comme un sac de clous. Ratatiné en un tas misérable, Goldworm semblait destiné à sauter le pas avant l'arrivée de l'ambulance, quand un étranger bien bâti, doté du tranquille aplomb d'un astronaute, fit son entrée en scène et lança d'un ton dramatique :

— Laissez-moi faire, les gars. Nous n'avons pas besoin de docteur. Ce n'est pas un problème cardiaque. En se pinçant la gorge, ce type a fait le signe universel, compris dans le monde entier, signifiant qu'il étouffe. Les symptômes peuvent paraître identiques à ceux d'une crise cardiaque, mais cet homme, je vous l'affirme, peut être sauvé grâce à la méthode Heimlich !

Là-dessus, le héros du moment entoura de ses bras par-derrière mon malheureux compagnon, et le plaça en position assise. Puis, plaçant le poing juste au-dessous du sternum de Goldworm, il le frappa sèchement, provoquant l'expulsion d'un morceau de haricot, qui, jaillissant hors de la trachée de la victime, alla caramboler le portemanteau. Gold-worm, aussitôt revenu à lui, remercia son sauveur, lequel attira notre attention sur une affichette impri-mée par les soins du Ministère de la Santé et accrochée au mur. Cette notice décrivait le drame ci-dessus avec une parfaite exactitude. Ce que nous venions de voir était bien le « signal universel d'étouffement », amenant la victime au triple état suivant :

1) ne peut ni parler ni respirer,
2) devient bleue,
3) perd connaissance.

Les signes de ce diagnostic sur l'affichette étaient suivis d'instructions simples permettant d'adminis-trer le processus salvateur : l'accouchement à coups de poing de la protéine homicide, tel que nous l'avions vu, et tel qu'il avait libéré Goldworm des pénibles formalités du Dernier Adieu.

Quelques minutes plus tard, alors que je rentrais chez moi par la 5e Avenue, je me demandai si le Dr Heimlich, dont le nom figure actuellement en lettres d'or au Panthéon de la conscience nationale en tant que découvreur de cette merveilleuse méthode, aux effets de laquelle je venais d'assister, se doutait le moins du monde qu'il avait bien failli être coiffé au poteau par trois chercheurs humbles autant qu'anonymes, lesquels avaient obscuré-ment travaillé des années durant, cherchant aussi un remède pour le dangereux syndrome du glou-ton. Je me demandai aussi s'il connaissait l'exis-tence de certain journal intime, tenu par l'un des membres anonymes de ce trio de pionniers – jour-nal qui entra en ma possession au cours d'une vente aux enchères tout à fait par hasard, en raison d'une similitude de reliure et de couleur avec un ouvrage illustré intitulé *les Esclaves du harem* pour lequel j'avais enchéri d'une somme équivalant à trois semaines de mon salaire. Je suis heureux de présenter ci-dessous quelques extraits de ce journal, et ceci dans l'intérêt de la science.

3 janvier. – Rencontré mes deux collègues aujourd'hui pour la première fois ; les ai trouvés tous deux très sympathiques, bien que Wolfsheim ne soit pas du tout tel que je l'imaginais. Tout d'abord, il est plus gros que sur sa photo (je pense qu'il ne donne à publier que des photos anciennes). Il porte une barbe mi-longue, mais qui semble pousser avec l'anarchie de la mauvaise herbe. Il faut ajouter à cela des sourcils épais et broussailleux et des yeux ronds, microscopiques, qu'il darde soupçonneusement derrière des lunettes aussi épaisses qu'un club sandwich. Il y a aussi ces crispations. Cet homme s'est constitué tout un répertoire de tics faciaux et de clins d'œil auxquels ne manque qu'une partition musicale de Stravinsky. Et pourtant Abel Wolfsheim est un savant réputé, que ses travaux sur le hoquet de fin de repas ont rendu légendaire à travers le monde scientifique. Il s'est montré très flatté que je connaisse son article sur le bâillement post-prandial, et m'a même révélé que ma propre théorie, jadis tellement mise en doute, que le hoquet est inné, est maintenant communément admise par la Sécurité Sociale.

Si Wolfsheim a l'air un peu excentrique, l'autre membre de notre triumvirat en revanche est exactement comme je l'avais imaginé en lisant ses travaux. Shulamith Arnolfini, dont les expériences sur la génétique ont mené à la création d'une gerboise capable de chanter *Let the sun shine*, est anglaise à l'extrême, inévitablement vêtue de tweed, les cheveux noués en chignon, et les lunettes à monture de corne posées à mi-hauteur d'un nez busqué. De plus, elle est affectée d'une légère difficulté d'élocution qui la fait postillonner, si bien qu'à se trouver près d'elle quand elle prononce un mot comme « proposition » on a l'impression exotique d'être au cœur de la mousson. Je les aime beaucoup tous les deux, et je pressens de grandes découvertes.

5 janvier. – Les choses se déroulent moins facilement que je ne l'avais supposé ; Wolfsheim et moi avons eu un léger désaccord concernant la façon de procéder. J'avais suggéré de pratiquer nos premières expériences sur des rats, ce qu'il considère comme une approche beaucoup trop pusillanime. Il a dans l'idée d'utiliser des prisonniers de droit commun, de leur donner à manger de grosses bouchées de viande à cinq secondes d'intervalle, et de les obliger à avaler sans mâcher. C'est l'unique façon, affirme-t-il, d'observer le problème dans sa véritable perspective. J'évoquai le problème moral, et Wolfsheim est devenu agressif. Je lui ai demandé s'il pensait que la science était au-dessus de la morale, me basant sur sa façon de considérer humains et cobayes sur le même plan. Je ne suis pas d'accord non plus sur sa manière de me traiter de « stupide crétin ». Heureusement, Shulamith a pris mon parti.

7 janvier. – Cette journée fut productive pour Shulamith et moi. Travaillant contre la montre, nous avons provoqué la strangulation sur une souris. Cela s'accomplit en faisant ingérer au rongeur une bonne portion de fromage de Gouda, puis en le chatouillant pour le faire rire. Comme c'était à prévoir, la nourriture s'engouffra dans le mauvais tuyau, et l'étouffement s'ensuivit. Saisissant fermement la souris par la queue, je lui donnai une petite claque sur le dos, et le morceau de fromage fut expulsé. Shulamith et moi prîmes quantité de notes sur cette expérience. Si nous pouvions transférer une queue aux êtres humains, nous aurions fait un grand pas en avant. Mais il est trop tôt pour chanter victoire.

15 janvier. – Wolfsheim a mis au point une théorie, qu'il insiste pour expérimenter, bien que je la considère comme assez simpliste. Il est convaincu qu'une personne qui s'étouffe avec de la nourriture peut être sauvée par (je cite) « l'absorption d'un verre d'eau ». Tout d'abord, j'ai cru qu'il plaisantait, mais sa concentration et ses yeux exorbités indiquaient suffisamment son attachement à son idée. Il est évident qu'il travaille sur cette notion depuis un certain temps, car son laboratoire est encombré de verres d'eau, plus ou moins remplis. Quand je lui exprimai mon scepticisme, il m'accusa d'être négatif, puis commença à se déhancher comme un danseur de disco. Sa haine pour moi est évidente.

27 janvier. – Aujourd'hui, c'était notre jour de repos. Shulamith et moi avons décidé d'aller faire une excursion en voiture dans la campagne. Quand nous fûmes en pleine nature, ce funeste concept d'étouffement nous parut bien loin. Shulamith me dit qu'elle avait déjà été mariée, à un savant qui avait élaboré une théorie sur les isotopes radioactifs, et dont le corps s'était totalement désintégré lors d'une conférence devant une commission sénatoriale. Nous parlâmes ensuite de nos goûts et découvrîmes que nous aimions tous deux la même bactérie. Je demandai à Shulamith ce qu'elle penserait si je l'embrassais. Elle répondit : « beaucoup de bien » ce qui me valut l'habituelle projection humide consécutive à sa difficulté d'élocution. J'en suis parvenu à la conclusion que c'est une femme superbe, particulièrement quand on la regarde à travers une plaque de plomb à l'épreuve des rayons X.

1er mars. – Maintenant, je sais que Wolfsheim est fou. Il a expérimenté une douzaine de fois sa théorie du verre d'eau, et ça n'a jamais marché. Quand je lui ai dit de cesser de gaspiller un temps précieux et l'argent des subventions, il brandit un plat de nourriture au-dessus de ma tête, et je dus le tenir à distance à l'aide d'un bec Bunsen. Comme toujours, quand le travail devient difficile, les frustrations se font jour.

3 mars. – Dans l'impossibilité de trouver des sujets pour nos dangereuses expériences, nous avons été obligés d'écumer restaurants et cafeterias, dans l'espoir de pouvoir intervenir sans retard si nous avions la chance de tomber sur une personne en crise. Au grill Sans Souci, j'essayai d'attraper une certaine Rose Moscowitz par les chevilles puis de la secouer, et bien que j'aie réussi à déloger une monstrueuse bouchée de kasha, elle ne m'en a témoigné aucune reconnaissance. Wolfsheim suggéra que nous pourrions essayer de frapper dans le dos les personnes en train d'étouffer, ajoutant que d'importants concepts sur cette méthode lui avaient été inspirés par Fermi lors d'un symposium sur la digestion à Zurich trente-deux ans plus tôt. Toutefois, la subvention destinée à alimenter ces recherches avait été refusée, le gouvernement ayant donné toute priorité au programme nucléaire. Wolfsheim, entre-temps, était devenu mon rival auprès de Shulamith, et lui déclara sa flamme hier, dans le labo de biologie. Quand il essaya de l'embrasser, elle l'assomma avec un singe congelé. C'est un homme triste et bourré de complexes.

18 mars. – À la pizzeria Marcello, ce matin, nous sommes tombés sur Mme Guido Bertoni qui s'étranglait avec ce qu'on identifia plus tard comme un cannelloni ou une balle de ping-pong. Ainsi que je l'avais prévu, les tapes dans le dos ne furent d'aucun secours. Wolfsheim, incapable de faire table rase des théories obsolètes, tenta de lui administrer un verre d'eau, mais le prit malencontreusement sur la table d'un consommateur haut placé dans l'immobilier, de sorte que nous fûmes tous les trois escortés sans délicatesse jusqu'à la sortie de service, puis projetés contre un réverbère.

2 avril. – Aujourd'hui, Shulamith a suggéré d'utiliser des tenailles — ou plutôt de longues pinces — pour extraire la nourriture obturant l'œsophage. Chaque citoyen porterait continuellement sur lui un de ces instruments, et la Croix-Rouge lui enseignerait la manière de l'utiliser. Frémissants d'excitation, nous nous rendîmes au restaurant de fruits de mer de Belknap pour y extraire un gratin de coquilles Saint-Jacques méchamment coincé dans la gorge de

Mme Faith Blitzstein. Malheureusement, la pauvre femme fut terrifiée quand j'exhibai mes gigantesques pinces, et planta ses dents dans mon poignet, ce qui me fit lâcher l'instrument dans son œsophage. Seule une rapide intervention de son mari, Nathan, qui la souleva du sol par les cheveux et l'agita de haut en bas comme un yo-yo, évita l'issue fatale.

11 avril. – Notre projet touche à sa fin — sans succès, je regrette de l'avouer. Les crédits ont été coupés, le conseil d'administration de notre fondation ayant décidé que les sommes restantes seraient dépensées de manière plus profitable en achetant des farces et attrapes. Après avoir appris la nouvelle de notre triste fin, j'eus besoin de changer d'air pour me rafraîchir les idées, et tout en marchant, solitaire, dans la nuit, le long de la Charles River, je ne pus m'empêcher de réfléchir aux limites de la science. Peut-être que les gens sont destinés à s'étouffer de temps à autre quand ils mangent. Peut-être tout cela fait-il partie d'un impénétrable dessein cosmique ? Sommes-nous si vaniteux de croire que la recherche scientifique peut tout contrôler, tout améliorer ? Un type avale un trop gros morceau de steak et s'étrangle. Quoi de plus simple ? Quelle autre preuve exigerions-nous de l'exquise harmonie de l'univers ? Nous ne connaîtrons jamais toutes les réponses.

20 avril. – Hier après-midi fut notre dernier jour, et je rencontrai par hasard Shulamith au bureau de l'Administration, où elle feuilletait une monographie sur le nouveau vaccin contre la gale, tout en grignotant un hareng fumé en attendant l'heure du dîner. Je m'approchai furtivement par-derrière, et, afin de lui faire une surprise, l'entourai doucement de mes bras, rempli du merveilleux désir que seul éprouve l'amant sincère. Immédiatement, elle se mit à étouffer, un morceau de hareng s'étant logé à l'improviste dans son gosier. Mes bras étaient toujours autour d'elle, et, par un heureux hasard, mes mains étaient croisées exactement sous son sternum. Quelque chose — appelons cela l'instinct, ou le hasard scientifique — me fit serrer le poing et le frapper contre sa poitrine. En un éclair, le hareng se trouva débloqué, et, instantanément, la femme aimée fut comme neuve. Quand je racontai l'incident à Wolfsheim, tout ce qu'il trouva à dire fut :

— Oui, bien sûr. Ça marche avec du hareng, mais ça marchera-t-il avec des métaux non ferreux ?

Je ne sais pas ce qu'il a voulu dire, et je m'en moque. Le projet est annulé, et bien qu'il soit peut-être vrai que nous ayons échoué, d'autres suivront nos traces et, utilisant nos travaux empiriques et préliminaires, réussiront enfin. En vérité, je vous le dis, nous attendons impatiemment le jour où nos enfants ou nos petits-enfants vivront dans un monde où aucun individu, quelles que soient sa race, sa religion ou sa couleur, ne sera plus jamais assassiné par son plat garni. Pour finir sur une note personnelle, Shulamith et moi allons nous marier, et jusqu'à ce que la conjoncture économique devienne plus favorable, elle, Wolfsheim et moi avons décidé de combler un besoin indispensable à l'humanité, et d'ouvrir un salon de tatouages de première classe.

L'homme
est-il superficiel ?

Nous en étions au dessert, et discutions des hommes les plus superficiels que nous ayons connus. Koppelman en vint alors à citer Lenny Mendel. Koppelman nous dit que Mendel était sans contredit l'être humain le plus creux qu'il eût jamais approché, sans exception, puis se mit à raconter l'histoire suivante.

Depuis des années se déroulait chaque semaine une partie de poker, que fréquentaient les mêmes joueurs. On jouait à un tarif symbolique, essentiellement pour s'amuser et se détendre, dans une chambre d'hôtel louée pour l'occasion. Les hommes pariaient, bluffaient, mangeaient, buvaient et parlaient de femmes, de sports et d'affaires. Au bout d'un certain temps (et nul ne put situer le moment précis) les joueurs commencèrent à remarquer que l'un d'eux, Meyer Iskowitz, n'avait pas très bonne mine.

Quand ils le lui firent observer, Iskowitz se moqua d'eux :

— Je suis en superforme ! dit-il. Qui n'a pas misé ?

Mais à mesure que les mois passaient, son aspect empirait, et quand, un jour, il ne vint pas jouer, on apprit qu'il avait été transporté à l'hôpital avec une hépatite virale. Chacun pressentait l'atroce vérité, de sorte que ce ne fut qu'une demi-surprise quand Sol Katz téléphona à Lenny Mendel au studio de télévision où il travaillait et lui dit :

— Ce pauvre Meyer a un cancer généralisé de la pire espèce. Il n'y a plus rien à faire, il a été pris trop tard, on l'a mis à Sloan-Kettering.

— Quelle horreur !

Mendel fut secoué, et se sentit soudain déprimé au point de ne pouvoir finir sa farine lactée.

— On est allés le voir, Sol et moi. Le pauvre vieux n'a aucune famille. Et il a un moral épouvantable. Il n'avait jamais vu un docteur, tu te rends compte ! Quel monde, oy ! De toute façon, il est à Sloan-Kettering, 1275 York, et les heures de visite sont de midi à huit heures.

Katz raccrocha, laissant Lenny Mendel tout mélancolique. Mendel avait quarante-quatre ans et une bonne santé, pour autant qu'il le sût. (Du moins qualifia-t-il ainsi son état présent de façon à ne pas se déprimer.) Il n'avait que six ans de moins qu'Isko-witz, et bien qu'ils n'aient pas été amis intimes, ils avaient partagé de bonnes crises de rigolade chaque semaine depuis cinq ans. Le pauvre type, pensa Mendel. Il faudrait que je lui envoie des fleurs. Il demanda à Dorothy, une des secrétaires de la NBC, de téléphoner à un fleuriste et de régler les détails.

La nouvelle de la mort imminente de Iskowitz pesa lourdement sur Mendel ce jour-là, mais ce qui commençait à le ronger et à l'angoisser bien plus encore, c'était la pensée lancinante d'avoir à rendre visite à son vieux copain de jeu.

Quelle sale corvée, pensa Mendel. Il se sentait coupable de vouloir éviter la chose, et redoutait de voir Iskowitz dans de semblables circonstances. Bien sûr, Mendel admettait que chaque homme doive mourir, et tirait même parfois quelque réconfort d'un paragraphe qui lui avait sauté aux yeux dans un livre et disait que la mort n'est pas l'opposé de la vie, mais en fait naturellement partie ; toutefois, quand il lui arrivait de réfléchir au jour de son annihilation éternelle, il éprouvait une panique sans bornes. Il n'était ni croyant, ni stoïque, ni un héros, et pendant la durée de son existence quotidienne, il ne voulait entendre parler ni de funérailles, ni d'hôpitaux, ni de cimetières. Si un corbillard passait dans la rue, son image le hantait pendant des heures. Maintenant, il s'imaginait au chevet du condamné Meyer Iskowitz, essayant désespérément de lui faire la conversation et de lui sortir des plaisanteries. Combien il haïssait les hôpitaux avec leur carrelage fonctionnel et leur éclairage trop cru. Toute cette atmosphère fausse-ment calme et ouatée. Et cette chaleur atroce. Suffocante. Et les plateaux-repas, les bassins, les vieillards et les infirmes déambulant en robe de chambre marron dans les couloirs, l'atmosphère lourde, saturée de microbes exotiques. Et s'il était vrai que le cancer soit une maladie contagieuse ? Me mettrait-on dans la même chambre que Meyer Isko-witz ? Qui peut savoir si ça s'attrape ? Regardons la situation en face. Que diable savent-ils de cette atroce maladie ? Rien. Et puis un jour, ils découvriront que l'une de ses innombrables variétés connues m'a été transmise par Iskowitz, en toussant dans ma direction. Ou en posant ma main sur sa poitrine. La pensée d'un Iskowitz expirant sous ses yeux l'horrifiait. Il voyait cette vieille relation (subitement, le vieil ami se transformait en simple relation) hâve et émaciée, exhalant un dernier soupir et agrippant Mendel pour lui dire : « Ne me laisse pas partir... Ne me laisse pas partir ! » Bon Dieu, songea Mendel dont le front s'était couvert de sueur. L'idée de rendre visite à Meyer me répugne. Et d'abord, qu'est-ce qui m'oblige à y aller? Nous n'avons jamais été intimes. Enfin, quoi, je voyais ce gars-là une fois par semaine. Rien que pour jouer aux cartes. Nous n'avons jamais échangé plus de quelques mots. C'était un simple flambeur. En cinq ans, nous ne nous sommes jamais vus ailleurs que dans cette chambre d'hôtel. Et maintenant qu'il est en train de caner, voilà qu'il me devient obligatoire d'aller le voir. C'est un monde, tout de même. Il était beaucoup plus lié avec tous les autres. C'était moi son *moins* bon copain. Que les autres aillent donc le voir. Après tout, un malade n'a pas besoin d'allées et venues continuelles. C'est un mourant. Il a besoin du plus grand calme, et non d'une parade incessante de faux culs venus s'extasier devant sa bonne mine ! De toute façon, je ne peux pas y aller aujourd'hui, parce que j'ai une répétition en costume. Pour qui me prennent-ils donc ? Pour un riche oisif ? Je viens juste d'être nommé producteur associé. J'ai des millions de choses à faire. Et les jours qui viennent, pas question non plus, parce qu'on prépare le show de fin d'année, et c'est une vraie maison de fous ici. Bon, j'irai la semaine prochaine.

Qu'est-ce qui presse tellement ? À la fin de la semaine prochaine. Qui sait si seulement il vivra jusqu'à la fin de l'autre semaine ? Eh bien, s'il est encore vivant, j'irai le voir, et s'il est mort, il se fichera éperdument de ma visite ! Oui, c'est un peu dur comme idée, mais la vie est très dure aussi. Et pendant ce temps, le prologue du spectacle a besoin d'être renforcé. Du comique de situation. Ce show a besoin de gags désopilants, et pas d'astuces vaseuses.

Une bonne raison succédant à une autre, Lenny Mendel évita d'aller voir Meyer Iskowitz pendant deux semaines et demie. Chaque fois que cette obligation lui revenait à l'esprit, il se sentait abominablement coupable, et bien pis encore quand il se surprit à espérer la nouvelle que tout était fini, et qu'Iskowitz était mort, le déchargeant d'un grand poids. De toute façon, ça finira bien par arriver, pensait-il, alors pourquoi pas tout de suite ? Pourquoi ce malheureux s'obstinerait-il à traîner et à souffrir ? Je sais bien que ça semble cruel, se dit-il, et je sais que je suis faible, mais certaines personnes peuvent affronter ce genre de situation mieux que d'autres. Des visites à un mourant ! Quelle déprime ! Comme si je n'avais pas suffisamment de choses à faire.

Mais la nouvelle de la mort de Meyer ne venait toujours pas. En revanche, les soirs de poker, il entendait des remarques culpabilisantes :

— Oh, tu n'es pas encore allé le voir ? Tu devrais, sincèrement. Il reçoit très peu de visites, et ça lui fait tellement plaisir...

— Il demande toujours de tes nouvelles, Lenny.

— Oui, il a toujours beaucoup aimé Lenny.

— Je sais que tu dois être surmené avec ton show,

mais tu devrais trouver un petit moment pour aller voir Meyer. Après tout, il lui reste si peu de temps à vivre...

— J'irai demain ! déclara Mendel.

Mais quand le moment fut venu, il le repoussa encore. À vrai dire, quand il rassembla enfin suffisamment de courage pour passer dix minutes à l'hôpital, ce fut davantage pour améliorer sa propre image à ses yeux que par simple compassion pour Iskowitz. Mendel savait que si Iskowitz mourait avant qu'il ne lui ait rendu visite, il regretterait son dégoût et sa lâcheté, et que ce sentiment empoisonnerait le restant de sa vie. Je me mépriserai pour avoir manqué de cran, pensait-il, et les autres me prendront pour ce que je suis : un salaud d'égoïste. D'un autre côté, si je vais voir Iskowitz et me comporte en homme, je serai meilleur à mes propres yeux et à ceux du monde entier. Le fait est que le besoin de compagnie et de gentillesse d'Iskowitz n'était en aucune façon le motif de cette visite.

Maintenant, cette histoire commence à prendre son sens, puisque nous discutions de la légèreté humaine, et que les véritables proportions de la gigantesque superficialité de Lenny Mendel commencent tout juste à apparaître. Un certain mardi, à huit heures moins dix du soir (de sorte qu'il ne puisse pas dépasser dix minutes, même s'il en avait envie) Mendel reçut du bureau d'entrées de l'hôpital le laissez-passer qui lui donnait accès à la chambre 1501, où Meyer Iskowitz était couché solitaire, avec une mine étonnamment présentable, compte tenu du stade avancé de sa maladie.

— Comment ça va, Meyer ? dit faiblement Mendel, en restant à une distance respectable du lit.

— Qui est là ? Mendel ? C'est toi, Lenny ?

— J'ai été occupé. Autrement, je serais venu plûs tôt.

— Oh, c'est chic de t'occuper de moi. Je suis tellement content de te voir !

— Comment te sens-tu, Meyer ?

— Comment je me sens ? Je vais me débarrasser de cette saloperie, Lenny. Je vais la mettre K.O.

— Bien sûr, Meyer, dit Mendel d'un ton presque inaudible, contracté par la tension nerveuse. Dans six mois, tu pourras de nouveau tricher aux cartes, ha, ha ! Non, sérieusement, tu n'as jamais triché.

Reste drôle, se disait Mendel, continue à lui sortir des blagues. Traite-le comme s'il n'était pas en train de mourir, pensait Mendel, qui se rappelait certains articles qu'il avait lus sur ce sujet. Dans la petite chambre étouffante, Mendel s'imaginait en train d'inhaler des nuées de microbes virulents, tels qu'ils émanaient d'Iskowitz et se multipliaient dans l'atmosphère lourde.

— Je t'ai apporté le *Post*, dit Lenny, posant le magazine sur la table de nuit.

— Assieds-toi, assieds-toi ! Où cours-tu comme ça ? Tu viens à peine d'arriver !

— Je ne suis pas pressé. C'est simplement que le règlement de l'hôpital dit de faire des visites courtes, pour le bien des malades.

— Alors, quoi de neuf ? demanda Meyer.

Résigné à bavarder à plein temps jusqu'à huit heures, Mendel tira une chaise (pas trop près) et essaya d'échafauder une conversation à base de poker, de sport, de faits divers et de politique, toujours dramatiquement conscient du fait horrible, inévitable que, en dépit de l'optimisme d'Iskowitz, ce dernier ne quitterait jamais cet hôpital vivant. Mendel était en sueur et se sentait comme ivre. La tension, la gaieté forcée, la présence mauvaise de la maladie, et l'idée de sa propre fragilité lui desséchaient la bouche et lui donnaient des crampes. Il voulait s'en aller. Il était déjà huit heures cinq, et personne ne lui avait demandé de partir. Le règlement était élastique. Il se tortillait sur son siège tandis qu'Iskowitz parlait lentement du bon vieux temps, et au bout de cinq autres minutes déprimantes, Mendel se crut sur le point de s'évanouir. Puis, juste au moment où il allait craquer et s'enfuir, un événement capital se produisit. L'infirmière, Miss Hill — l'infirmière de vingt-quatre ans, blonde aux yeux bleus, avec de longs cheveux et un visage d'une beauté stupéfiante — entra, et, fixant Lenny Mendel avec un sourire chaleureux et ensorceleur, dit ces mots :

— L'heure de la visite est passée. Vous allez dire au revoir.

Aussi sec, Lenny Mendel, qui n'avait jamais vu de créature plus exquise, tomba amoureux. Aussi simple que ça. Il la regarda bouche bée, avec l'expression stupéfaite de l'homme qui vient enfin de poser les yeux sur la femme de ses rêves. Le cœur de Mendel se mit littéralement à lui bondir entre les côtes, tandis qu'il éprouvait un sentiment nouveau pour lui. Mon Dieu, pensa-t-il, c'est comme dans les films. Indubitablement et sans problème, Miss Hill était adorable. Excitante et étroitement moulée dans son uniforme immaculé, elle avait des yeux immenses et des lèvres charnues, humides et sensuelles. Elle avait les pommettes hautes et des seins parfaitement constitués.

Sa voix était douce et charmante, quand elle plaisanta avec Meyer tout en refaisant son lit. À la fin, elle ramassa le plateau du dîner et quitta la pièce, ne s'arrêtant que le temps d'adresser un clin d'œil à Lenny Mendel en chuchotant :

— Vous feriez mieux de partir, il a besoin de repos.

— C'est ton infirmière habituelle ? s'enquit Mendel après son départ.

— Miss Hill ? C'est une nouvelle. Très gracieuse. Je l'aime bien. Ce n'est pas une brute comme la plupart des autres, ici. Et elle a le sens de l'humour. Eh bien, tu dois partir. Ça m'a fait drôlement plaisir de te voir, Lenny.

— Ouais, c'est vrai. Moi aussi, Meyer.

Mendel se leva dans un nuage rose, et se mit à arpenter le couloir dans l'espoir de rencontrer Miss Hill avant de partir. Mais il ne put la trouver nulle part, et quand Mendel atteignit la rue, il sut, dans l'air frais du soir, qu'il avait besoin de la revoir. Mon Dieu, pensa-t-il dans le taxi qui le ramenait chez lui à travers Central Park, je connais des actrices, je connais des mannequins, et voilà cette jeune infirmière qui est plus jolie à elle seule que toutes les autres réunies. Pourquoi ne lui ai-je pas parlé ? J'aurais dû engager la conversation. Je me demande si elle est mariée ? Sûrement pas, puisqu'on l'appelle *Miss* Hill. J'aurais dû demander des renseignements sur elle à Meyer. Quoique, si elle est nouvelle... Il passa en revue tous les « j'aurais dû », convaincu d'avoir laissé passer la chance de sa vie, puis se consola en pensant qu'au moins il connaissait son lieu de travail et pourrait la retrouver ; il reprit alors son équilibre. Il ne lui échappait pas qu'elle pouvait s'avérer une parfaite idiote, comme la plupart des femmes splendides qu'il croisait dans le show-business. Le fait qu'elle soit infirmière peut vouloir dire que son caractère est plus profond, plus humain, moins égoïste. Cela peut signifier également qu'elle manque totalement d'imagination, et se contente de vider les bassins. Non ! La vie ne peut se montrer aussi cruelle ! Il caressa l'idée d'aller l'attendre à la sortie de l'hôpital, mais pensa que ses horaires pouvaient changer et qu'il la manquerait. De plus, s'il l'accostait dans la rue, il lui ferait mauvaise impression.

Il retourna voir Iskowitz le lendemain, lui apportant un livre intitulé *les Grands Exploits sportifs* qui, pensait-il, donnait une justification à sa visite. Iskowitz se montra surpris et heureux de le voir, mais Miss Hill n'était pas de service ce soir-là, et à la place, une virago nommée Miss Caramanulis s'activait dans la chambre. Mendel eut du mal à dissimuler sa déception, et tenta de s'intéresser à ce que lui disait Iskowitz, mais en vain. Iskowitz, qui se trouvait sous sédatifs, ne remarqua nullement l'empressement distrait de Mendel à le quitter.

Mendel y retourna le jour suivant, et trouva le divin sujet de ses fantasmes occupé avec Iskowitz. Il lui tint quelques propos bredouillants, et quand il fut sur le point de partir, s'arrangea pour la rattraper dans le couloir. En écoutant sa conversation avec une autre infirmière, Mendel acquit l'impression qu'elle avait un petit ami, et que le couple comptait assister le lendemain à une comédie musicale. S'efforçant d'avoir un comportement normal en attendant l'ascenseur, Mendel écouta attentivement afin de savoir si la liaison était sérieuse ou non, mais ne put obtenir aucun détail supplémentaire. Il fut amené à penser qu'elle était fiancée, bien qu'elle ne portât pas de bague, après avoir cru l'entendre dire à propos de quelqu'un « mon fiancé ». Découragé, il l'imagina, maîtresse adorée d'un jeune médecin, brillant chirurgien peut-être, et partageant avec lui une foule d'intérêts professionnels. Quand les portes de l'ascenseur se refermèrent sur lui, il garda pour dernière vision l'image de Miss Hill marchant dans le couloir, s'entretenant de manière animée avec l'autre infirmière, ses hanches se balançant allusivement, et son rire cascadant musicalement, vite étouffé par la fermeture automatique de l'ascenseur. Il faut que j'aie cette femme, pensa Mendel, brûlant de désir et de passion, et je dois faire attention à ne pas tout gâcher, comme c'est si souvent arrivé dans le passé. Je dois agir avec sensibilité et tact. Sans rien précipiter, c'est toujours mon défaut. Ne pas agir trop impétueusement. Il me faut en savoir davantage sur elle. Est-elle vraiment aussi merveilleuse que je me l'imagine ? Et si oui, à quel point est-elle attachée à cet autre homme ? Et s'il n'existait pas, aurais-je seulement ma chance ? Si elle est libre, je ne vois aucune raison pour ne pas lui faire la cour et la conquérir. Et même supplanter son type ! Mais j'ai besoin de temps. Le temps de tout apprendre sur elle. Puis le temps de la travailler au corps. Lui parler, la faire rire, lui paraître aussi brillant que possible. Mendel se tordait littéralement les mains, et se mettait à radoter comme frappé de sénilité précoce. Le plan le plus logique est de la voir chaque fois que je rends visite à Iskowitz, et lentement, sans me presser, d'en venir au point principal. Je dois agir à la sournoise. Mes façons trop directes, ma rude franchise m'ont causé beaucoup de déceptions autrefois. Je dois me montrer insinuant.

Cela décidé, Mendel rendit des visites quotidiennes à Iskowitz. Le malade n'en revenait pas de la chance d'avoir un ami aussi dévoué. Mendel lui apportait chaque fois un cadeau aussi somptueux que bien choisi. Un cadeau destiné à se faire valoir aux yeux de Miss Hill. De belles fleurs, une biographie de Tolstoï (il l'avait entendu dire qu'elle adorait *Anna Karénine*), les poèmes choisis de Wordsworth, du caviar. Iskowitz était surpris de tels choix : il détestait le caviar et n'avait jamais entendu parler de Wordsworth. Mendel faillit même apporter à Iskowitz une paire de boucles d'oreilles anciennes, car il se doutait qu'elles plairaient à Miss Hill.

L'amoureux transi saisissait la moindre occasion d'engager la conversation avec l'infirmière d'Iskowitz. Oui, elle était fiancée, apprit-il, mais non sans réticence. Son fiancé était avocat, mais elle rêvait d'épouser un homme qui exercerait une profession artistique. Toutefois, Norman, son officiel, était grand, brun et bien bâti, description qui laissa Mendel — moins gâté physiquement par la nature — quelque peu déprimé. Mendel énumérait ses qualités et ses succès professionnels à un Iskowitz déclinant, d'une voix suffisamment tonitruante pour être entendue de Miss Hill. Il avait parfois l'impression de l'intéresser, mais chaque fois que la position lui semblait acquise, des projets d'avenir avec le fameux Norman surgissaient dans la conversation... Quelle chance a ce Norman, se disait Mendel. Il passe son temps avec elle, ils s'amusent ensemble, qui plus est il presse ses lèvres contre les siennes, il lui ôte son uniforme d'infirmière... peut-être pas complètement ? Oh, Dieu du Ciel ! Mendel soupirait, levait les yeux au ciel et secouait la tête avec accablement.

— Vous n'imaginez pas à quel point vos visites font du bien à M. Iskowitz, dit un jour l'infirmière à Mendel avec un sourire et un regard qui lui firent battre le pouls à cent. Il n'a aucune famille et la plupart de ses autres amis n'ont pas le temps. Ma théorie, bien sûr, est que bien des gens n'ont ni la compassion ni le courage de perdre leur temps avec un cas désespéré. Les gens rayent tout bonnement le moribond de leur mémoire et n'y pensent plus. C'est pourquoi je trouve votre comportement... euh... magnifique !

Le bruit de la gentillesse de Mendel envers Iskowitz se répandit rapidement, et lors de la partie de poker hebdomadaire, il reçut les félicitations des joueurs :

— Ce que tu fais est fantastique, dit Phil Birnbaum sans lâcher ses cartes. Meyer m'a dit que personne ne venait aussi régulièrement que toi. Il a même l'impression que tu te fais beau spécialement pour l'occasion.

L'esprit de Mendel, au même instant, était obnubilé par les rondeurs de Miss Hill, qu'il ne pouvait chasser de ses pensées.

— Alors, comment va-t-il ? Il est courageux ? demanda Sol Katz.

— Courageux ? Qui ça ? demanda Mendel, tout à sa rêverie.

— Qui ça ? Mais de qui parlons-nous ? De ce pauvre Meyer.

— Ah ! Euh... oui. Courageux. Oui, dit Mendel, ne se rendant même pas compte qu'il avait en main une quinte flush.

À mesure que les semaines passaient, Iskowitz déclinait. Un jour, terriblement affaibli, il regarda Mendel, debout au pied de son lit, et murmura :

— Je t'aime beaucoup, Lenny. Sincèrement.

Mendel saisit la main décharnée de Meyer et dit :

— Merci, vieux frère. Dis donc, tu a vu Miss Hill aujourd'hui ? Hein ? Tu ne peux pas parler un peu plus fort, je t'entends à peine ?

Iskowitz fit un faible signe de tête.

— Très bien, dit Mendel. Et de quoi avez-vous parlé tous les deux, hein ? Mon nom est venu dans la conversation ?

Mendel, bien sûr, n'avait pas osé se déclarer à Miss Hill, se trouvant dans une position on ne peut plus embarrassante. Pour rien au monde, il n'aurait voulu qu'elle puisse supposer que ses fréquentes visites eussent une autre raison que celle de voir un ami malade.

Quelquefois, le fait de se sentir aux portes de la mort inspirait au moribond des propos philosophiques, et il disait alors des phrases telles que :

— Nous sommes sur terre sans savoir pourquoi. Tout s'achève avant que rien n'ait commencé. Le bon truc, c'est de profiter du moment présent. Être vivant, c'est être heureux. Et pourtant, je crois que Dieu existe, et quand je regarde autour de moi, et que je vois le soleil briller à travers la fenêtre, ou les étoiles scintiller la nuit, je sens qu'Il a sûrement un grand projet, et je me sens bien.

— D'accord, d'accord, répondait Mendel. Et Miss Hill ? Est-ce qu'elle sort toujours avec Norman ? Tu lui as dit ce que je t'avais dit de lui dire ? Demain, quand elle viendra pour tes examens, n'oublie pas de lui poser la question.

Par une pluvieuse journée d'avril, Iskowitz mourut. Avant d'expirer, il dit une fois de plus à Mendel combien il l'aimait, et que l'intérêt que Mendel lui avait porté durant sa longue agonie avait constitué l'expérience la plus touchante et la plus profonde qu'il eût jamais connue avec tout autre être humain. Quinze jours plus tard, Miss Hill rompit avec Norman et Mendel commença à la voir régulièrement. Leur liaison dura un an, puis ils se séparèrent d'un commun accord.

— C'est une belle histoire, dit Moscowitz quand Koppelman eut achevé son récit concernant la légèreté de Lenny Mendel. Elle montre bien que certains types n'ont aucune bonté.

— Ce n'est pas ce que j'ai compris, dit Jake Fishbein. Pas du tout. L'histoire démontre comment l'amour d'une femme rend un homme capable de surmonter sa peur de la mort, ne serait-ce que pour un moment.

— Qu'est-ce que vous racontez ? intervint Abe Trochman. La morale de l'histoire est qu'un mourant tire tout bénéfice de l'adoration subite de son copain pour une nana.

— Mais ils n'étaient même pas amis ! protesta Lupowitz. Mendel allait à l'hosto par pure obligation. Il y est retourné par intérêt.

— Quelle différence ça fait ? dit Trochman. Iskowitz a découvert l'amitié. Il est mort heureux. Qu'est-ce que ça peut faire, que Mendel ait été motivé par son désir pour l'infirmière ? Hein ?

— Désir ? Quel désir ? Mendel, en dépit de sa

frivolité, peut très bien avoir éprouvé de l'amour sincère pour la première fois de sa vie.

— Et qu'est-ce que ça change ? dit Bursky. On s'en tape, de la morale de l'histoire. Si tant est qu'elle en ait une. C'était une histoire très marrante. Qu'est-ce qu'on boit ?

La requête

(Voici une pièce en un acte, inspirée par un incident de la vie d'Abraham Lincoln. L'anecdote est peut-être vraie, peut-être fausse. L'essentiel est que j'étais très fatigué quand j'ai écrit ce texte.)

I

(Lincoln, avec une impatience juvénile, appelle George Jennings, son attaché de presse, dans son bureau.)

JENNINGS. – Vous m'avez appelé, M. Lincoln ?

LINCOLN. – Oui, Jennings. Entrez. Asseyez-vous.

JENNINGS. – Je vous écoute, Monsieur le Président.

LINCOLN *(incapable de dissimuler une grimace).* – Je voudrais que nous discutions d'une idée.

JENNINGS. — Bien sûr, monsieur.

LINCOLN. — La prochaine fois que nous aurons une conférence de presse avec les journalistes...

JENNINGS. — Oui, monsieur ?

LINCOLN. — Quand j'annonce que je vais répondre aux questions...

JENNINGS. — Eh bien, Monsieur le Président ?

LINCOLN. — Vous levez la main et vous me demandez : « Monsieur le Président, de quelle longueur pensez-vous que doive être la jambe d'un homme ? »

JENNINGS. — Je vous demande pardon ?

LINCOLN. — Vous me demandez de quelle longueur je pense que doive être la jambe d'un homme.

JENNINGS. — Puis-je vous demander pourquoi, monsieur ?

LINCOLN. — Pourquoi ? Parce que j'ai une très bonne réponse.

JENNINGS. — Vraiment ?

LINCOLN. — Assez longue pour toucher le sol.

JENNINGS. — Excusez-moi ?

LINCOLN. — Assez longue pour toucher le sol. C'est ça la réponse ! Vous pigez ? De quelle longueur pensez-vous que doive être la jambe d'un homme ? Assez longue pour toucher le sol !

JENNINGS. — Je vois.

LINCOLN. — Vous ne trouvez pas ça drôle ?

JENNINGS. — Je peux vous parler franchement, Monsieur le Président ?

LINCOLN *(pincé)*. — Eh bien, aujourd'hui, ça a beaucoup fait rire.

JENNINGS. — Sans rire !

LINCOLN. — Parfaitement. J'étais avec quelques amis et les membres du Cabinet, et quelqu'un a posé la question et j'ai répondu du tac au tac et tout le monde a hurlé de rire.

JENNINGS. – Puis-je vous demander, Monsieur Lincoln, dans quel contexte il a posé cette question ?

LINCOLN. – Pourquoi diable...

JENNINGS. – Étiez-vous en train de discuter d'anatomie ? Cet homme était peut-être chirurgien, ou sculpteur ?

LINCOLN. – Eh bien, euh, non... je ne pense pas... Un simple fermier, j'imagine.

JENNINGS. – Eh bien, dans ce cas, pourquoi voulait-il savoir cela ?

LINCOLN. – Ma foi, je n'en sais rien. Tout ce que je sais, c'est qu'il avait demandé une audience avec moi de façon insistante...

JENNINGS *(inquiet)*. – Je vois.

LINCOLN. – Que se passe-t-il, Jennings ? Vous êtes tout pâle.

JENNINGS. – C'est une question plutôt étrange, non ?

LINCOLN. – Oui, mais j'ai beaucoup fait rire. C'est parti comme ça, sans que j'y pense.

JENNINGS. – Je n'en doute pas, Monsieur Lincoln.

LINCOLN. – Ce succès ! Tout le cabinet a explosé de rire.

JENNINGS. – Et ensuite, qu'a dit cet homme-là ?

LINCOLN. – Il a dit merci, et il est parti.

JENNINGS. – Vous ne lui avez pas demandé pourquoi il voulait savoir ça ?

LINCOLN. – Si vous voulez savoir, j'étais tellement ravi de ma réplique... Il m'a fallu un moment pour récupérer. C'était sorti si vite. Je n'ai pas réfléchi une seconde.

JENNINGS. – Je sais, je sais. C'est pourtant... enfin, toute cette histoire me turlupine.

II

(Lincoln et Mary Todd, dans leur chambre à coucher. C'est le milieu de la nuit. Elle est couchée, Lincoln marche nerveusement.)

MARY. – Allons, Abe, viens te coucher. Qu'est-ce qui ne va pas ?

LINCOLN. – C'est cet homme, aujourd'hui. Cette question. Je n'arrive pas à me la sortir de l'esprit. Jennings m'a mis la puce à l'oreille.

MARY. – Oublie tout ça, Abe.

LINCOLN. – Je le voudrais, Mary. Dieu ! Je ne demande que ça ! Mais ce regard me hante. Implorant ! Qu'y avait-il derrière ? J'ai besoin d'un verre.

MARY. – Non, Abe.

LINCOLN. – Si.

MARY. – J'ai dit non ! Depuis quelque temps, tu es surexcité. C'est cette abominable guerre civile.

LINCOLN. – Non, ce n'est pas la guerre. Je n'ai pas répondu à cet être humain. Je ne pensais qu'à faire un effet comique. J'ai éludé une question complexe rien que pour faire rigoler les ministres. De toute façon, ils me détestent.

MARY. – Ils t'aiment, Abe.

LINCOLN. – Je ne suis qu'un vaniteux. Tout de même, c'était une belle réplique !

MARY. – Je suis d'accord. Ta réponse était très drôle. Assez longue pour atteindre son torse...

LINCOLN. – Le sol ! Pour atteindre le sol.

MARY. – Non, tu l'as dit d'une autre façon.

LINCOLN. – Non. Autrement, ce n'est pas drôle.

MARY. – Moi, je trouve ça bien plus drôle.

LINCOLN. – C'est plus drôle ?

MARY. – Pour sûr.

LINCOLN. – Mary, tu n'y connais rien.

MARY. – Cette image des jambes accrochées à un torse...

LINCOLN. – Oublie ça, tu veux ! Comment oublier ? Où est le bourbon ?

MARY *(lui ôtant la bouteille)*. – Non, Abe. Tu ne boiras pas cette nuit. Je ne le tolérerai pas !

LINCOLN. – Mary, qu'est-ce qui nous arrive ? Nous nous entendions si bien...

MARY *(tendrement)*. – Viens ici, Abe. C'est la pleine lune. Comme la nuit où nous nous sommes connus.

LINCOLN. – Je regrette, Mary. La nuit où nous nous sommes rencontrés, c'était la lune décroissante.

MARY. – Pleine.

LINCOLN. – Décroissante.

MARY. – Pleine.

LINCOLN. – On va prendre l'almanach.

MARY. – Oh, pour l'amour de Dieu, Abe, laisse tomber !

LINCOLN. – Je suis désolé.

MARY. – C'est cette question qui t'obsède ? Les jambes ? C'est toujours ça ?

LINCOLN. – Que voulait-il me faire comprendre ?

III

(La chaumière de Will Haines et de sa femme. Haines rentre chez lui après un long voyage. Alice pose son nécessaire de couture et court à sa rencontre.)

ALICE. — Alors, tu lui as demandé ? Il accorde sa grâce à Andrew ?

WILL *(hors de lui)*. — Oh, Alice, je me suis comporté comme un fou !

ALICE *(amèrement)*. — Comment ? Ne me dis pas qu'il ne va pas gracier notre fils !

WILL. — Je ne le lui ai pas demandé.

ALICE. — Tu quoi ? Tu ne lui as rien demandé ?

WILL. — Je ne sais pas ce qui m'a pris. Il était là, devant moi, le Président des États-Unis, entouré de gens importants. Les membres de son cabinet, ses amis. Puis quelqu'un a dit : « M. Lincoln, cet homme a fait un long chemin pour vous parler. Il a une question à vous poser. » Pendant toute la durée du trajet à cheval, j'avais répété ma question dans ma tête : « M. Lincoln, excellence, notre fils Andrew a fait une bêtise. Je me rends bien compte que c'est très grave de s'endormir pendant son tour de garde, mais condamner à mort un garçon si jeune semble trop cruel, Monsieur le Président, excellence, ne pourriez-vous commuer la sentence ? »

ALICE. — C'était la façon correcte de présenter la chose.

WILL. — Mais je ne sais pas pourquoi, avec tous ces gens qui me regardaient, quand le Président a dit : « Eh bien, quelle est votre question ? » Je lui ai sorti : « Monsieur Lincoln, de quelle longueur pensez-vous que doive être la jambe d'un homme ? »

ALICE. – Quoi ?

WILL. – C'est vrai. Voilà ma question. Ne me demande pas comment c'est sorti. De quelle longueur pensez-vous que doive être la jambe d'un homme ?

ALICE. – À quoi ça ressemble, cette question-là ?

WILL. – Je me tue à te dire que je n'en sais rien.

ALICE. – Sa jambe ? De quelle longueur ?

WILL. – Oh, Alice, je t'en supplie, pardonne-moi !

ALICE. – De quelle longueur doit être la jambe d'un homme ? C'est la question la plus stupide que j'aie jamais entendue.

WILL. – Je sais, je sais ! Inutile de me le rappeler.

ALICE. – Mais pourquoi la longueur des jambes ? Enfin, les jambes ne t'ont jamais spécialement intéressé !

WILL. – Je ne trouvais plus mes mots. J'ai oublié ce que je voulais dire. J'entendais le tic-tac de la pendule. Je ne voulais pas avoir l'air intimidé...

ALICE. – Est-ce que M. Lincoln a dit quelque chose ? A-t-il répondu ?

WILL. – Oui. Il a dit : « Assez longue pour toucher le sol. »

ALICE. – Assez longue pour toucher le sol ? Qu'est-ce que ça peut diable vouloir dire ?

WILL. – Qui sait ? Mais ça a fait rire tout le monde. Bien sûr, ces gens-là sont des courtisans...

ALICE *(tapant du pied)*. – Tu ne voulais pas vraiment qu'Andrew soit gracié !

WILL. – Quoi ?

ALICE. – Peut-être que dans les tréfonds de ton être, tu n'as pas envie que notre fils soit sauvé. Tu es peut-être jaloux de lui !

WILL. – Tu es folle ! Moi... moi... jaloux ?

ALICE. – Pourquoi pas ? Il est plus fort. Il est plus habile avec la pioche, la hache, la charrue. Il a le sens de la terre plus qu'aucun homme au monde !

WILL. – Tais-toi ! Tais-toi !

ALICE. – Regardons les choses en face, William, tu es un mauvais fermier.

WILL *(frissonnant d'angoisse)*. – Oui, je le reconnais ! Je déteste la vie de fermier ! Les graines se ressemblent toutes pour moi ! Et la terre ? Je la confonds toujours avec de la poussière ! Et toi, qui viens de l'Est, avec ta bonne éducation ! Toujours à te moquer de moi ! À me rabaisser ! Je plante des navets, et il pousse du maïs ! Tu ne crois pas qu'il y a de quoi traumatiser un homme ?

ALICE. – Si tu prenais la peine d'attacher les étiquettes des graines à un petit tuteur, tu saurais ce que tu as planté !

WILL. – Je veux mourir ! Tout s'obscurcit devant mes yeux !

(Soudain, on frappe à la porte et quand Alice l'ouvre, ce n'est nul autre qu'Abraham Lincoln. Ses yeux sont cernés, son air hagard.)

LINCOLN. – M. Haines ?

WILL. – Le Président Lincoln !

LINCOLN. – Cette question...

WILL. – Je sais, je sais ! Une impulsion stupide !... C'est tout ce que j'ai pu dire, j'étais si ému...

(Haines tombe à genoux en sanglotant. Lincoln pleure aussi.)

LINCOLN. – Ainsi, j'avais raison. Ça n'appelait pas de réponse.

WILL. – Pardonnez-moi... Pardonnez-moi...

LINCOLN *(pleurant sans honte)*. – Je te pardonne. Lève-toi. Debout. Ton fils sera acquitté aujourd'hui. Ainsi que tous les hommes qui ont commis une faute seront absous.

(Il prend l'homme et la femme dans ses bras)

Ta question stupide m'a fait réévaluer mon existence. Pour cela, je te remercie et je t'aime.

ALICE. – On a réévalué pas mal de choses, nous aussi, Abe. Peut-on vous appeler... ?

LINCOLN. – Certes, sûr, pourquoi pas ? Dites, les amis, vous n'avez pas un petit quelque chose à grignoter pour un homme qui a fait un si long trajet à cheval ?

(Ils partagent du pain et du fromage, et le rideau tombe.)

Critique
gastronomique

(Le courrier des lecteurs, dans un magazine intellectuel et sophistiqué, pour lequel Fabian Plotnick, l'un de nos critiques gastronomiques les plus redoutés, a écrit la chronique suivante, concernant le restaurant Villa Nova de Fabrizio, dans la Seconde Avenue. Échange enrichissant et qui donne à penser.)

La pasta, en tant que mode d'expression du néoréalisme italien, est bien mise en valeur par Mario Spinelli, le chef de chez Fabrizio. Spinelli pétrit lentement sa pasta. Il autorise que la tension monte chez les clients qui attendent en salivant. Ses fettucine, bien que plissées et tortillées d'une façon diabolique, doivent beaucoup à Barzino, dont l'utilisation des fettucine comme instrument de progrès social est universellement connue. La différence réside dans le fait que chez Barzino, le client est fondé à espérer des fettucine blanches, et les obtient. Ici, chez Fabrizio, il se voit servir des fettucine vertes. Pourquoi ? Tout cela semble gratuit. En tant que consommateurs, nous ne sommes pas préparés au changement. Désormais, la nouille verte ne nous amuse plus. Elle nous déconcerte d'une façon non préméditée par le chef. Les lasagne, en revanche, sont parfaitement délicieuses sans être le moins du monde didactiques. À vrai dire, il y réside un sournois relent marxiste, mais qui est dissimulé par la sauce. Spinelli a milité des années durant dans les rangs du Parti Communiste Italien, et s'est révélé par l'inclusion subtile de son marxisme dans ses tortellini.

Je commencai mon repas par un antipasto qui me sembla sans objet de prime abord, mais quand je me concentrai sur les filets d'anchois, son but me devint plus clair. Spinelli tentait-il d'exprimer que la vie entière était symboliquement représentée dans ce hors-d'œuvre, où les olives noires évoquent incoercerciblement la mort ? Dans ce cas, où était le céleri ? L'omission était-elle délibérée ? Chez Jacobelli, l'antipasto est entièrement constitué de céleri. Mais Jacobelli est un extrémiste. Il entend attirer notre attention sur l'absurdité de la vie. Qui pourrait oublier ses scampi : quatre crevettes fourrées d'ail disposées de façon à en dire plus long sur notre intervention au Vietnam que les innombrables livres sur le sujet ? Quel scandale à l'époque ! Aujourd'hui, ce plat semble insipide auprès de la piccata de Gino Finocchi (de chez Gino du Vésuve), une saisissante tranche de veau attachée à un drapeau noir. (Finocchi s'exprime toujours mieux dans le veau que dans le poisson ou le poulet, et ce fut une erreur impardonnable de *Time Magazine* que de l'omettre dans le reportage consacré à Robert Rauschenberg.) Spinelli, à l'encontre de ces chefs d'avant-garde, va rarement jusqu'au bout de ses idées. Il hésite, comme dans ses spumoni, et quand ils arrivent à table, bien sûr, ils ont ramolli. Il y a toujours eu certaines expérimentations dans le style de Spinelli – en particulier dans son traitement des spaghetti vongole. (Avant sa psychanalyse, Spinelli avait toujours eu la phobie des clams. Il répugnait à les ouvrir, et quand on l'obligeait à regarder dedans, il tombait évanoui. Ses premières tentatives de vongole furent toutes accomplies avec ce qu'on peut appeler des « substituts de fruits de mer ». Il utilisa tour à tour des cacahuètes, des olives, et finalement, peu avant sa dépression nerveuse, de petites gommes à effacer.)

Chez Fabrizio, la touche artistique réside dans le poulet désossé à la Parmigiana de Spinelli. L'intitulé est au deuxième degré, puisqu'il a fourré le poulet de petits os supplémentaires, comme pour nous signifier que la vie ne doit pas être consommée trop vite ou sans précaution. L'obligation d'ôter constamment de petits os de sa bouche et de les déposer sur l'assiette donne au repas une sonorité mystique. On est obligé alors d'évoquer Webern qui semble resurgir à tout instant dans la cuisine de Spinelli. Robert Craft, parlant de Stravinsky, suggère un intéressant rapprochement entre l'influence de Schoenberg sur les salades de Spinelli, et l'influence de Spinelli sur le Concerto en ré pour cordes de Stravinsky. À cet égard, le minestrone est un superbe exemple d'atonalité. Accompagné tel qu'il est de croûtons aillés et de petits morceaux de légumes, le dîneur, quand il le boit, est obligé de faire des bruits harmonieux avec la bouche. Ces accords sont disposés selon un rythme précis, et se répètent dans un ordre immuable. La première fois que j'allai chez Fabrizio, deux clients, un jeune garçon et un gros homme, mangeaient leur soupe à l'unisson, et l'émotion fut telle qu'ils reçurent une vibrante ovation. Comme dessert, nous eûmes des tortoni, ce qui me rappela cette remarquable phrase de Leibnitz : « Les monades n'ont pas de fenêtres. » Quelle lucidité ! Les prix, chez Fabrizio, sont, ainsi que me le dit un jour Hannah Arendt « raisonnables sans être historiquement inévitables ». Je souscris à ce jugement.

Au courrier des lecteurs :

Les aperçus de Fabian Plotnick sur le restaurant Villa Nova de Fabrizio sont remplis de mérite et de perspicacité. Le seul aspect qui manque à cette pénétrante analyse est la considération que, bien que l'établissement de Fabrizio soit une affaire familiale, il ne se conforme nullement à la structure classique de la cellule familiale italienne, mais, curieusement, prend modèle sur les foyers des mineurs hollandais de l'époque révolutionnaire pré-industrielle. Les rapports de Fabrizio avec sa femme et ses fils sont capitalistes et orientés vers la communauté égalitaire. Les mœurs sexuelles du petit personnel sont typiquement victoriennes – particulièrement en ce qui concerne la jeune caissière. Les conditions de travail reflètent également les problèmes de l'industrie britannique, et les garçons sont fréquemment obligés de travailler de huit à dix heures par jour avec des tabliers qui ne répondent pas aux normes standard de sécurité.

Dove Rapkin.

Au courrier des lecteurs :

Dans sa critique du Villa Nova de Fabrizio, Fabian Plotnick qualifie les prix de « raisonnables », mais en dirait-il autant des *Quatre quatuors* d'Eliot ? Le retour d'Eliot à un stade plus primitif de la doctrine du Logos reflète la raison immanente du monde, mais 8,50 dollars pour un poulet tetrazzini ! Ça n'a aucun sens, même dans un contexte chrétien. Je renvoie M. Plotnick à l'article de *Rencontres* (février 1958) intitulé : « Eliot revisité, ou la soupe de clams. »

Eino Shmeederer.

Au courrier des lecteurs :

Ce que M. Plotnick feint d'oublier dans sa critique des fettucine de Mario Spinelli, c'est, bien sûr, la taille des portions ou, pour être plus précis, le nombre des macaronis. Il y a apparemment autant de macaronis pairs que de macaronis impairs, soigneusement mélangés. (Le paradoxe parfait.) La logique succombe linguistiquement, et par conséquent M. Plotnick ne peut pas employer le mot « fettucine » dans son acception exacte. Les fettucine deviennent un symbole ; disons par exemple que fettucine = $\times$. Dès lors, $a = \times/b$ (b étant égal à une demi-portion de hors-d'œuvre). Si l'on suit cette logique, on serait amené à dire que : fettucine = linguine. Ce qui est ridicule. On ne doit donc pas dire « les fettucine étaient délicieuses » mais « les fettucine et les linguine ne sont pas des rigatoni. » Ainsi que Gödel l'a maintes fois réaffirmé : « Toute chose doit être traduite en termes de calcul logique avant d'être mangée. »

Professeur Word Babcocke,
Institut de Technologie du Massachusetts.

Au courrier des lecteurs :

J'ai pris connaissance avec un vif intérêt de la critique de M. Fabian Plotnick sur le restaurant Villa Nova de Fabrizio, et ne suis guère surpris d'y reconnaître un nouvel exemple déplorable de révisionnisme historique. Nous oublions un peu rapidement que, durant la pire période des purges staliniennes, non seulement Fabrizio avait continué ses activités, mais avait agrandi son arrière-salle pour y loger davantage de clients ! Pas un mot non plus de la répression politique des Soviets. En réalité, quand la Commission pour la Libération des Dissidents soviétiques agit auprès de Fabrizio pour qu'il retire les gnocchi de son menu tant que les Russes n'auraient pas libéré Gregor Tomschinsky, le célèbre trotskyste, il refusa. Tomschinsky avait entre-temps accumulé dix mille pages de recettes, lesquelles furent confisquées par le NKVD.

« A contribué à briser le cœur d'une mineure », voilà le lamentable motif qu'utilisa le tribunal soviétique pour expédier Tomschinsky au Goulag. Où étaient donc, à l'époque, les soi-disant intellectuels de chez Fabrizio ? La fille du vestiaire, Tina, se garda bien d'élever la voix au moment où toutes les filles de vestiaires de l'Union soviétique furent arrachées à leurs familles et obligées de suspendre les vêtements des canailles staliniennes ! Je pourrais ajouter que, quand des douzaines de physiciens soviétiques furent accusés de suralimentation, et emprisonnés, la plupart des restaurants fermèrent en signe de protestation, mais celui de Fabrizio continua ses activités, allant même jusqu'à distribuer des bonbons à la menthe à la fin des repas ! J'ai mangé moi-même chez Fabrizio dans les années trente, et constaté que c'était un nid d'espions Rouges qui tentait de faire passer des blinis pour des spaghetti auprès de clients mal informés. Prétendre que la plupart des habitués ignoraient ce qui se passait à la cuisine serait absurde. Quand quelqu'un commandait des scungili et se voyait apporter du bortsch, aucune confusion n'était possible sans une complicité tacite. La vérité est simplement que les intellectuels préféraient fermer les yeux pour ne pas voir la différence. J'ai dîné là-bas une fois avec le Professeur Gideon Cheops, auquel fut servi un repas entièrement russe composé de zakouskis, d'une côtelette de volaille Kiev et de Halvah – sur quoi il me dit : « Ces ravioli sont succulents. »

Professeur Quincy Mondragon,
Université de New York.

Réponse de Fabian Plotnick :

M. Shmeederer démontre qu'il ignore tout des prix des restaurants, de même que des *Quatre quatuors*. Eliot lui-même pensait que 7,50 dollars pour un bon poulet tetrazzini n'était (Je cite son interview dans la *Partisan Review*) « Pas excessif ». Dans *Naufrages à sec*, Eliot n'impute-t-il pas une notion identique à Krishna, bien que formulée différemment ?

Je suis reconnaissant à Dove Rapkin pour ses commentaires sur la cellule familiale, et aussi au Professeur Babcocke pour sa pénétrante analyse linguistique, bien que je mette en doute son équation. Je lui suggérerai plutôt le syllogisme suivant :

A/.– Quelques pâtes sont des linguine.

B/.– Toutes les linguine ne sont pas des spaghetti.

C/.– Donc, les spaghetti ne sont pas des pâtes, et

155

pour cette raison, tous les spaghetti sont des linguine.

Wittgenstein utilisa l'exemple ci-dessus pour
démontrer l'existence de Dieu, et plus tard Bertrand
Russell s'en servit pour prouver que non seulement
Dieu existe mais encore qu'Il a trouvé Wittgenstein
trop petit.

Enfin, le Professeur Mondragon. Il est exact que
Spinelli a travaillé aux cuisines chez Fabrizio dans
les années 30 – peut-être plus longtemps qu'il n'aurait dû. Il faut pourtant mettre à son crédit que,
lorsque l'infamante Commission des Activités Anti-
Américaines le pressa de modifier la rédaction de ses
menus, et d'y remplacer « prosciutto et melon » par
la mention, moins politiquement engagée, de « prosciutto et figues » il porta le cas devant la Cour
Suprême, provoquant ainsi l'article de loi demeuré
célèbre : « Les hors-d'œuvre ont droit à une protec-
tion totale en vertu du Premier Amendement. »

Un amour complexe

Que Connie Chasen pût me rendre au premier regard l'attirance fatale que j'éprouvais pour elle fut un miracle sans équivalent dans toute l'histoire de Central Park West. Grande, blonde, les pommettes hautes, actrice, érudite, séductrice-née, irrévocablement aliénée, dotée d'un esprit perspicace et ironique, que n'égalait dans son pouvoir d'attraction que l'érotisme humide et impudique que suggérait la moindre de ses courbes, elle constituait le désir secret de tous les mâles assistant à cette réception. Qu'elle puisse jeter son dévolu sur moi, Harold Cohen, dégingandé, vingt-quatre ans, dramaturge amateur, pleurnichard et pourvu d'un nez trop long, était aussi invraisemblable que de vouloir des octuplés. Il est vrai que j'ai la réplique acérée et suis capable de mener une conversation sur un vaste échantillonnage de sujets, mais pourtant je fus stupéfait que cette apparition superbement proportionnée pût s'enflammer pour mes maigres talents si vite et si totalement.

— Vous êtes adorable, me dit-elle, après une heure d'échanges énergétiques.

Nous étions adossés à une bibliothèque, nous remplissant de Valpolicella et de petites choses sucrées. Elle ajouta :

— J'espère que vous me téléphonerez.

— Vous téléphoner ? Alors que j'aimerais vous emmener chez moi séance tenante ?

— Eh bien, c'est parfait, dit-elle, souriant avec coquetterie. Pour ne rien vous cacher, je n'avais pas l'impression de vous intéresser.

J'affectai de rester impavide, mais le sang bouillonnait dans mes artères, se ruant vers les organes concernés. Je rougis, une vieille habitude.

— Vous êtes une caisse de dynamite, fis-je.

Ce qui accentua son rayonnement incandescent. Je me sentais assez peu préparé à une acceptation aussi immédiate. Mon culot, renforcé par le jus de la treille, me conseillait de jeter les bases d'un bonheur futur, de sorte que, quand j'en arriverais à suggérer la chambre à coucher lors d'un rendez-vous ultérieur, cela ne surgisse pas abruptement, comme une surprise totale, et ne rompe tragiquement des liens platoniques. Pourtant timide, angoissé, culpabilisant et victime-née que je fusse, cette nuit serait la grande nuit de ma vie. Connie Chasen et moi étions promis l'un à l'autre, sans contredit possible, et moins d'une heure plus tard, nous nous ébattions athlétiquement entre deux draps de percale, exécutant avec une passion dévorante l'absurde chorégraphie de l'amour humain. En ce qui me concerne, ce fut la nuit la plus performante et la plus érotique que j'eusse jamais connue, et pendant qu'elle s'abandonnait dans mes bras, comblée et détendue, je me demandais comment le destin me ferait payer tout ce bonheur. Deviendrais-je aveugle le mois suivant ? Paraplégique, peut-être ? Quel horrible tribut Harold Cohen serait-il obligé de débourser pour que le cosmos puisse continuer à fonctionner harmonieusement ? Mais tout ceci viendrait plus tard.

Les semaines suivantes n'apportèrent aucune désillusion. Connie et moi nous explorions l'un l'autre, et nous régalions de chaque nouvelle découverte. Je la trouvais vive, excitante. Elle prévenait mes moindres désirs. Son imagination était fertile, sa conversation érudite et variée. Elle pouvait discuter de Novalis et citer le Rig-Veda. Elle connaissait par cœur les paroles des chansons de Cole Porter. Au lit, elle se comportait sans inhibitions, avec expérience, une véritable enfant du futur. Il fallait être vraiment tatillon pour lui trouver un seul défaut. Elle avait parfois des lubies puériles. Au restaurant, elle voulait inévitablement modifier sa commande, et toujours après qu'il ne fut décent de le faire. Invariablement, elle se mettait en colère quand je lui faisais remarquer que cela embarrassait le maître d'hôtel et le chef. Elle changeait de régime à tout bout de champ, se jetant à corps perdu dans l'un, puis le rejetant en faveur d'une autre théorie, plus à la mode, sur la manière de maigrir. Non qu'elle fût ronde, bien au contraire. Sa silhouette aurait suscité l'envie d'un modèle de *Vogue*, et cependant un complexe d'infériorité pouvant rivaliser avec celui de Franz Kafka la menait à de douloureux accès d'autocritique. À l'en

croire, elle n'était qu'un petit boudin courtaud qui
perdait son temps à vouloir devenir actrice, et encore
plus à étudier les héroïnes de Tchekhov. Mes compli-
ments la laissaient de glace et je ne cessai de lui
en prodiguer, tant ma fixation obsessionnelle sur
son corps et sur son esprit devenait sans cesse plus
forte.

Vers la sixième semaine de notre merveilleuse
histoire d'amour, son manque de confiance en elle
éclata un jour. Ses parents donnaient une barbecue-
party dans le Connecticut, et j'allais enfin faire la
connaissance de sa famille.

— Papa est fantastique, dit-elle fièrement, et c'est
un bel homme. Et Maman est splendide. Tes parents
sont beaux aussi ?

— Pas précisément, confessai-je.

En fait, j'avais une vision assez floue de l'appa-
rence physique de ma famille, assimilant les parents
du côté de ma mère à ce qu'on cultive généralement
dans une éprouvette. J'avais été un enfant très dur, et
dans ma famille on se chamaillait tout le temps, mais
nous étions très unis. Mais jamais le moindre compliment n'avait franchi, dans un sens ou dans l'autre,
nos lèvres ma vie durant, et je comprends pourquoi
Dieu avait fait son pacte avec Abraham.

— Dans ma famille, on ne discute jamais, dit-elle.
Ils boivent, mais restent toujours corrects et polis. Et
Danny, mon frère, est super. Un peu étrange, mais
très gentil. Il compose de la musique.

— J'ai hâte de les connaître tous.

— J'espère que tu ne tomberas pas amoureux de
ma petite sœur, Lindsay !

— Pas de danger !

— Elle a deux ans de moins que moi, mais elle est terriblement sexy, et intelligente.

— Hé, c'est prometteur, dis-je.

Connie me lança une gifle.

— J'espère que tu ne l'aimeras pas plus que moi, dit-elle d'un ton faussement sérieux qui lui permettait de gracieux effets de voix.

— Ça m'étonnerait.

— Tu promets ?

— Seriez-vous rivales ?

— Non, on s'aime bien. Mais elle a un visage d'ange et un petit corps diabolique. De ce côté-là, elle tient de maman. En plus, elle a un Q.I. himalayen et un terrible sens de l'humour.

— Tu es belle, dis-je en l'embrassant.

Mais je dois avouer, que tout le reste de la journée, je fantasmai dur sur une petite Lindsay Chasen de vingt et un ans. Bon Dieu, me disais-je, et si elle était vraiment une *Wondergirl* ? Si elle était aussi irrésistible que Connie la dépeint ? Réussirai-je à ne pas en tomber amoureux ? Faible comme je suis, la suave odeur corporelle et le rire cristallin de cette étonnante fleur du Connecticut prénommée Lindsay – déjà, ce nom ! – ne détourneraient-ils pas de Connie mon esprit vacillant, déjà fasciné par la simple pensée de cette herbe lointaine, donc plus verte ? Après tout, je ne connaissais Connie que depuis six semaines, et, bien que coulant des instants paradisiaques avec cette femme exceptionnelle, je n'étais pas encore aveuglément amoureux d'elle. Cependant il faudrait que Lindsay soit bougrement fabuleuse pour surmonter l'ouragan de caresses et de luxure pendant lequel, emporté comme un fétu, ce mois et demi n'avait pour moi duré qu'un instant.

Cette nuit-là, je fis l'amour avec Connie, mais quand je m'endormis, ce fut Lindsay qui vint illustrer mes rêves. Aimable petite Lindsay, adorable étudiante Phi Beta Kappa, avec son visage de star et son charme de princesse des îles. Je m'agitai, me retournai, puis m'éveillai au milieu de la nuit avec un étrange sentiment d'excitation et d'heureux présage.

Dans la matinée, mes rêveries se poursuivirent, et après le petit déjeuner, Connie et moi partîmes pour le Connecticut, emportant du vin et des roses. Nous traversâmes de splendides paysages automnaux en écoutant du Vivaldi sur la stéréo de bord, et en échangeant des observations judicieuses sur les arts et les lettres. Puis, peu avant que nous franchissions l'entrée principale de l'immense propriété des Chasen, je me demandai une fois de plus si je serais réellement impressionné par cette féerique petite sœur.

— Le fiancé de Lindsay sera des nôtres ? demandai-je d'une voix quelque peu étranglée et coupable.

— Ils ont rompu, m'expliqua Connie. Lindsay en consomme un par mois. C'est une briseuse de cœurs de compétition.

Hmm, pensai-je. En plus de toutes ses autres qualités, la jeune personne est libre... Sera-t-elle vraiment plus excitante que Connie ? Je trouvais la chose difficile, et me tenais pourtant prêt à toute éventualité. Toute, sauf bien entendu celle qui devait se produire par ce splendide après-midi clair et frais.

Connie et moi rejoignîmes le barbecue, autour duquel une foule de gens festoyaient et buvaient sec.

Je fis la connaissance de tous les membres de la famille un par un, entourés qu'ils étaient par des grappes d'amis élégants, et découvris que Lindsay, la petite sœur, bien qu'elle répondît exactement à la description de Connie – séduisante, allumeuse et drôle – m'inspirait nettement moins que Connie. Je me sentais beaucoup plus accroché par la sœur aînée que par la récente diplômée de Vassar. Non, la femme à qui je donnai mon cœur pour toujours et sans espoir ce jour-là ne fut autre que la propre mère de Connie. Emily !

Emily Chasen, cinquante-cinq ans, enjouée, bronzée, ravissant visage de femme de pionnier, cheveux grisonnants tirés en arrière, et courbes harmonieuses, succulentes dans leur plénitude, qui s'exprimaient en arcs parfaits, comme un tableau de Brancusi. Emily était une véritable bombe sexuelle, dont l'immense sourire et le grand rire heureux se combinaient avec le reste pour constituer une apothéose de séduction.

Cette famille, pensai-je est une lignée supérieure ! Les gènes auraient mérité un Oscar. Des gènes compatibles, également, puisque Emily Chasen semblait se sentir aussi bien avec moi que sa fille. Elle adorait manifestement ma compagnie, et je la monopolisai, sans égard pour les autres invités. Nous discutâmes de photographie, son hobby, et de livres. Elle lisait en ce moment, avec délice, un livre de Joseph Heller. Elle le trouvait hilarant, et, riant à perdre haleine, me dit en remplissant mon verre :

— Dieu ! Ce que vous pouvez être exotiques, vous autres juifs !

Exotique, moi ? Elle devrait voir les Greenblatt. Ou M. et Mme Milton Sharpstein, les amis de mon père. Ou tant qu'on y était, mon cousin Tovah. Exotiques ? En ce qui me concernait, je ne les avais jamais trouvés exotiques avec leurs discussions interminables sur la meilleure façon de guérir une indigestion, ou la manière idéale de s'asseoir devant la télévision.

Emily et moi parlâmes pendant des heures de cinéma, puis nous évaluâmes mes espoirs de faire une carrière d'auteur dramatique, et discutâmes de sa récente passion pour les collages. De toute évidence, cette femme avait quantité de besoins créatifs et intellectuels, que, pour une raison ou une autre, elle dissimulait à tout autre que moi. Pourtant, elle n'était pas malheureuse de la vie qu'elle menait, car elle et son mari – John Chasen, une version plus âgée de l'homme que vous aimeriez avoir pour piloter votre avion – s'embrassaient et buvaient comme deux tourtereaux. En comparaison avec mes propres parents, qui étaient mariés inexplicablement depuis quarante ans (par dépit semblait-il), Emily et John semblaient le couple idéal. Mes parents, bien sûr, n'étaient pas capables de parler du temps qu'il faisait sans se lancer à la figure accusations et récriminations, à défaut de balles de revolver.

Quand le temps fut venu de partir, j'en fus déchiré et m'en allai la tête remplie d'Emily.

— Ils sont gentils, n'est-ce pas ? me demanda Connie tandis que nous roulions vers Manhattan.

— Très, appuyai-je.

— Papa n'est pas génial ? Il est vraiment drôle.

— Hmm.

À la vérité, j'avais à peine échangé dix mots avec le père de Connie.

— Et Maman était superbe aujourd'hui. Beaucoup mieux que la dernière fois. Il faut dire qu'elle avait la grippe.

— C'est quelqu'un, dis-je.

— Elle fait des photos et des collages superbes, dit Connie. Je voudrais que Papa l'encourage un peu plus. Ça n'a jamais été son truc.

— Dommage. J'espère que ça n'a pas été trop frustrant pour ta mère, pendant toutes ces années.

— Ça l'a été, dit Connie. Et Lindsay ? Tu n'es pas tombé amoureux d'elle ?

— Elle est adorable, mais elle est loin d'avoir ta classe. Du moins en ce qui me concerne.

— Me voilà soulagée ! fit Connie, rieuse.

Elle m'embrassa sur la joue. La répugnante vermine que je suis n'osa, bien sûr, lui avouer que c'était son incroyable mère que je brûlais de revoir, encore et toujours. Pourtant, tout en conduisant, mon cerveau cliquetait et scintillait comme un ordinateur dans l'espoir de concocter un plan pour voler un peu de temps et retrouver cette femme merveilleuse et exaltante. Si l'on m'avait demandé où je voulais en venir, je n'aurais pas su l'expliquer. Je savais seulement, alors que je roulais dans le froid crépuscule d'automne que quelque part par là, Freud, Sophocle et Eugène O'Neill se moquaient de moi.

Durant les mois qui suivirent, je réussis à voir souvent Emily Chasen. Généralement, c'était une innocente rencontre à trois avec Connie ; nous retrouvions sa mère en ville et l'emmenions au musée ou au concert. Une fois ou deux, je sortis seul avec Emily, parce que Connie était occupée. Le fait que sa mère et moi puissions aussi bien nous entendre ravissait Connie. Une ou deux fois, je réussis à me

trouver « par hasard » là où allait Emily, et y gagnai
une promenade ou un dîner impromptu avec elle. Il
était aveuglant qu'elle appréciait ma compagnie,
puisque je prêtais une oreille attentive à ses aspirations artistiques et riais de bon cœur à ses plaisanteries. Nous discutions ensemble de musique, de littérature, de la vie, et mes aperçus la ravissaient
constamment. Il était non moins évident que l'idée de
me considérer autrement que comme un nouvel ami
ne lui était jamais venue à l'esprit. Ou si c'était le cas,
elle n'en laisserait jamais rien paraître. Que pouvais-
je donc espérer ? Je vivais avec sa fille. Nous cohabi-
tions honorablement dans une société civilisée, où il
convient de respecter certains tabous. Après tout,
quelle idée me faisais-je de cette femme ? Quelque
vamp amorale sortie d'un film allemand, qui oserait
séduire le propre amant de sa fille ? À vrai dire, je suis
certain que j'aurais perdu tout respect pour elle si
elle m'avait confessé des sentiments troubles à mon
égard, ou s'était conduite de façon autre qu'honora-
ble. Et pourtant j'avais une véritable passion pour
elle. Mon désir s'accrut à un point tel que, contre
toute logique, je me mis à prier le ciel pour que son
mariage ne fût pas aussi parfait qu'il y semblait, et
que, toute honte bue, elle fût devenue folle de moi. Il y
eut des périodes où je caressai l'idée de faire brusquement le premier pas, et de la prendre de force,
mais d'énormes titres de journaux à scandales se
formèrent dans ma tête et je me retins de passer à
l'action brutale.

Au comble de l'angoisse, j'avais envie d'expliquer
ces sentiments confus à Connie, à cœur ouvert, et de
quémander son aide pour m'aider à y voir clair dans
mes propres sentiments, mais je craignais qu'agir

ainsi ne provoque un véritable carnage. C'est pourquoi, au lieu d'affronter la situation en face, je me mis
à louvoyer, pour essayer de connaître les sentiments
qu'Emily me portait.

— J'ai emmené ta mère à l'exposition Matisse,
dis-je à Connie un jour.

— Je sais, je sais. Ça lui a beaucoup plu.

— C'est une femme épanouie. Elle semble très
heureuse en ménage.

— Oui.

Silence.

— Alors... euh... elle ne t'a rien dit ?

— Elle m'a dit que, après l'exposition, vous aviez
eu une conversation passionnante. Sur la photographie.

— C'est vrai.

Silence.

— Elle n'a rien dit d'autre ? À mon sujet ? Je veux
dire... j'ai parfois l'impression d'être importun...

— Oh ! Dieu non ! Elle t'adore.

— Vraiment ?

— Depuis que Danny s'est mis à travailler avec
Papa, elle te considère un peu comme un fils.

— Son fils ! gémis-je, effondré.

— Je crois qu'elle aurait aimé avoir un fils dans
ton genre, qui s'intéresse à son art. Un compagnon
véritable. Plus intellectuel que Danny. Plus sensible à
son tempérament artistique. Je sais que tu remplis ce
rôle auprès d'elle.

Ce soir-là, je fus d'une humeur épouvantable, et
tandis que Connie et moi regardions la télévision,
mon corps entier brûlait de se presser passionnément contre cette femme qui, manifestement, me

considérait comme un brave petit garçon et rien d'autre. Et pourtant ! Et si cette attitude était simplement destinée à détourner les soupçons de Connie ?

Emily n'était-elle pas réellement troublée de sentir qu'un homme beaucoup plus jeune qu'elle la trouvait belle, attirante, fascinante et se consumait d'entretenir avec elle des relations rien moins que filiales ? N'était-il pas possible qu'une femme de cet âge, précisément parce que son mari demeurait totalement indifférent à ses aspirations les plus profondes, accueille avec bienveillance les attentions d'un admirateur passionné ? Et moi-même, victime de mes propres blocages socio-culturels, n'attachais-je pas trop d'importance au fait que j'étais l'amant de sa fille ? Après tout, quantité de choses beaucoup plus étranges se produisent, surtout chez des tempéraments doués d'une profonde sensibilité artistique. Il me fallait éclaircir ces problèmes, et mettre enfin un terme à des sentiments qui atteignaient les proportions d'une véritable obsession maladive. Cette situation finirait par ruiner ma santé si je n'agissais pas énergiquement ou ne me l'extirpais de l'esprit. Je décidai donc de passer à l'action.

D'anciennes conquêtes réussies m'indiquèrent immédiatement la bonne marche à suivre. Je l'emmènerais au Trader Vic's, cette boîte propice aux amoureux, remplie de recoins intimes faiblement éclairés, et où de doucereux breuvages à l'insinuante teneur alcoolique auraient tôt fait de libérer les libidos de leur carcan social. Deux tournées de Mai Tai, et ce serait du gâteau. Une main sur un genou. Un baiser profond, sans inhibition. Des doigts entrelacés. La miraculeuse ambroisie agirait de toute sa magie. Dans le passé, cela n'avait jamais raté. Même quand la victime insoupçonneuse reculait, les sourcils levés, on pouvait toujours faire gentiment marche arrière sans perdre la face, attribuant la fausse manœuvre aux effets de la potion magique.

— Désolé, pouvait-on dire, ce cocktail m'a tourné la tête, je ne savais plus ce que je faisais.

Oui, le temps des conversations mondaines était terminé, pensais-je. Je suis amoureux de deux femmes à la fois, ce qui est une situation archi-commune. Qu'elles soient mère et fille n'en est que plus excitant ! Je me sentais devenir hystérique. Même ivre de confiance tel que je l'étais à ce point, il me faut admettre que les choses ne se déroulèrent pas tout à fait comme prévu. Comme prévu, nous allâmes à l'auberge de Trader Vic's par une froide journée de février. Comme prévu, nous nous regardâmes dans les yeux et poétisâmes sur les faits de la vie tout en absorbant de petits verres d'une boisson hypocritement pétillante, ornée de minuscules parasols multicolores plantés dans des cubes de pamplemousse flottant à la surface – mais tout s'arrêta là. Et cela parce que, bien que mes blocages internes fussent débloqués, je sentais que tout cela détruirait complètement Connie. Finalement, ce fut ma propre culpabilisation – ou plus vraisemblablement mon retour à la raison – qui m'empêcha de placer la main prévue sur la cuisse d'Emily Chasen, puis de poursuivre mes honteux désirs. La révélation soudaine que je n'étais qu'un velléitaire du fantasme qui, en vérité, aimait vraiment Connie et ne devait jamais prendre le risque de la heurter d'aucune façon, me coupa tous mes moyens. Eh oui, Harold Cohen était beaucoup plus conventionnel qu'il ne voulait se le faire croire.

Et plus attaché à sa maîtresse qu'il ne voulait l'admettre. Ce coup de cœur pour Emily Chasen devait être rayé de ses pensées. Si difficile et douloureux qu'il me fût de contrôler mes impulsions envers la maman de Connie, la raison et la décence prévaudraient quand même.

À la fin d'une merveilleuse journée, au moment crucial où j'aurais dû appliquer un baiser féroce et vorace sur les lèvres tentantes et sensuelles de mon Emily, je demandai l'addition, ayant fait une croix sur mes projets. Nous sortîmes en bavardant joyeusement, sous une neige légère et scintillante et, après l'avoir reconduite à sa voiture, je la regardai s'éloigner vers Lyme, puis je rentrai rejoindre sa fille, rempli d'un sentiment nouveau, plus profond, pour cette femme qui chaque nuit partageait ma couche. La vie est un véritable chaos, pensai-je. Les sentiments sont si imprévisibles. Comment les gens peuvent-ils rester mariés pendant quarante ans et plus ? C'est un miracle bien plus grand que la traversée à pied sec de la Mer Rouge, que mon père, pourtant, dans sa fraîcheur d'âme, tient pour un événement grandiose. J'embrassai Connie et lui avouai l'intensité de mon amour. Elle fit de même. Nous fîmes l'amour.

Fondu, comme on dit au cinéma, et enchaîné quelques mois plus tard. Connie ne peut plus avoir de rapports sexuels avec moi. Pourquoi donc ? Je m'en attribuai toute la responsabilité, comme le protagoniste d'une tragédie grecque. Nos relations physiques s'étaient insensiblement dégradées depuis des semaines.

— Qu'est-ce qui ne va pas ? avais-je demandé. Est-ce que j'ai fait quelque chose ?

— Dieu non, tu n'y es pour rien... Oh, quelle tristesse !

— Mais quoi, alors ? Dis-le moi.

— C'est simplement que je n'en ai plus envie. Pas tous les soirs...

« Tous ces soirs » auxquels elle faisait allusion n'étaient en réalité que deux ou trois nuits par semaine, et bientôt moins que cela.

— Je ne peux pas ! me disait-elle d'un ton coupable chaque fois que j'essayais de l'entraîner au lit. Tu sais, je traverse une mauvaise période...

— Que veux-tu dire ? Tu as un autre homme dans ta vie ?

— Bien sûr que non !

— Est-ce que tu m'aimes ?

— Oui, hélas ! J'aimerais mieux ne pas t'aimer !

— Alors quoi ? Qu'est-ce qui te rebute ? Depuis quelque temps, ça va de mal en pis !

Une nuit, elle finit par confesser :

— Je ne peux plus faire l'amour avec toi. Tu me rappelles trop mon frère.

— Quoi ?

— Tu me fais penser à Danny. Ne me demande pas pourquoi.

— Ton frère ? Tu plaisantes !

— Non.

— Mais c'est un gars de vingt-trois ans, blond aux yeux bleus qui travaille dans le cabinet d'avocats de ton père...et je te fais penser à lui ?

— C'est comme si je baisais avec mon propre frère, sanglota-t-elle.

— Très bien, très bien, ne pleure pas. Ça va s'arranger. Il faut que je prenne deux aspirines et que je m'allonge un peu. Je ne me sens pas dans mon assiette.

Je massai mon front brûlant et feignis une profonde stupeur, mais il était aveuglant que ma relation intense avec sa mère m'avait d'une façon ou d'une autre placé vis-à-vis de Connie dans un rôle fraternel, sans qu'elle en fût consciente. Le drame devenait tragédie. J'allais souffrir un supplice digne de Tantale, éloigné du corps svelte et bronzé de Connie Chasen, et incapable de poser seulement une main sur elle sans provoquer, du moins en ce moment, un « beurk » de dégoût rédhibitoire. Dans l'irrationnelle distribution des rôles qui détermine nos drames émotionnels, j'étais devenu un figurant.

Durant les mois suivants, l'angoisse connut différents stades. D'abord la douleur d'être chassé du lit de délices. Puis le leurre de se dire que cette situation n'était que temporaire, ceci étant accompagné pour moi d'une tentative de compréhension, de patience. Je me remémorai avoir été frappé d'impuissance avec une jeune et jolie condisciple au collège précisément parce que sa façon de tourner la tête me rappelait ma tante Rifka. Cette gamine était mille fois plus jolie que la figure de gargouille qui me servait de tante, mais l'idée que j'allais faire l'amour avec la sœur de ma mère avait irrémédiablement anéanti mon désir. Je comprenais ce que devait ressentir Connie, et cependant ma frustration sexuelle augmentait dans des proportions angoissantes. Au bout d'un certain temps, elle commença de s'exprimer par des réflexions sarcastiques, et plus tard par une envie furieuse de mettre le feu à la maison. Toutefois, je m'efforçais de me contenir, essayant d'endiguer le torrent de la folie et de préserver ce qui, en dehors de ce problème, demeurait une relation agréable avec Connie. Ma suggestion qu'elle pourrait consulter un psychanalyste tomba dans l'oreille d'une sourde, rien n'étant plus étranger à son éducation du Connecticut qu'une science juive venue de Vienne.

— Couche avec d'autres femmes, me proposat-elle. Que puis-je te dire de mieux ?

— Je ne veux pas coucher avec d'autres femmes. C'est toi que j'aime.

— Et je t'aime aussi, tu le sais. Mais je ne peux plus coucher avec toi.

À franchement parler, je n'étais pas du genre à couchailler à droite et à gauche, et en dépit de mon épisode fantasmatique avec sa mère, je n'avais jamais trompé Connie. Bien sûr, j'avais éprouvé des désirs bien naturels pour des femmes de rencontre – cette comédienne, cette hôtesse de l'air, cette étudiante aux grands yeux innocents – mais pourtant je n'aurais jamais été déloyal avec la femme aimée. Non que je n'en ai eu l'occasion, bien au contraire ! Certaines des femmes avec qui j'avais été en contact s'étaient montrées provocantes, de façon explicite, mais j'étais resté fidèle à Connie. Et plus que jamais, depuis qu'elle ne pouvait plus faire l'amour. Il me vint à l'idée, bien sûr, de revenir à Emily, que je continuais de voir, avec ou sans Connie, toujours de la même manière innocente avec la même innocente camaraderie, mais je sentais que ranimer des tisons que j'avais si difficilement éteints ne nous conduirait tous qu'à la catastrophe irrémédiable.

Ceci ne veut pas dire que Connie me restait fidèle. Non, la triste vérité était que, à plusieurs occasions, elle avait succombé à des tentations extérieures, couchant clandestinement avec des acteurs, et même des écrivains.

— Que veux-tu que je te dise ? éclata-t-elle un jour vers trois heures du matin, après s'être emberlificotée dans des alibis contradictoires. Je fais ça uniquement pour me rassurer, pour me prouver que je ne suis pas un monstre, que je suis toujours capable de faire l'amour !

J'étais accablé par un sentiment d'injustice :

— Tu peux faire l'amour avec tout le monde sauf moi !

— Oui. Tu me rappelles trop mon frère !

— Je refuse de croire toutes ces stupidités.

— Puisque je t'ai dit de coucher avec d'autres filles !

— Jusqu'ici, je me suis refusé à le faire, mais il semble que j'y sois obligé !

— Fais-le, je t'en prie. C'est une malédiction, sanglota-t-elle.

C'était une véritable malédiction. Comment expliquer autrement que deux personnes qui s'aiment soient obligées de se séparer à cause d'une aberration aussi comique ? Que j'aie attiré la malédiction sur moi en développant un sentiment coupable envers sa mère me semblait indéniable. Le simple fait de penser séduire Emily Chasen et devenir son amant avait entraîné inexorablement la fixation de Connie.

Le péché d'orgueil, peut-être ? Moi, Harold Cohen, coupable de *hubris* ? Un homme qui ne s'est jamais considéré, dans l'échelle des créatures vivantes, plus haut que le rat, cloué au pilori pour *hubris* ? C'était

174

trop dur à avaler. Et cependant, nous nous séparâmes. Douloureusement. Nous restâmes amis, et chacun partit de son côté. Il est vrai que nous habitions à trois rues l'un de l'autre et que nous nous voyions presque chaque jour, mais l'amour n'existait plus. Ce fut à ce moment, et à ce moment seulement que je commençai à comprendre à quel point j'avais vraiment adoré Connie. Inévitablement, des crises de mélancolie et d'angoisse accentuèrent mon masochisme proustien. J'évoquai tous nos merveilleux moments ensemble, nos exceptionnelles prouesses, et perdu dans la solitude de mon appartement trop vaste, je pleurais. Je fis plusieurs tentatives pour connaître d'autres femmes, mais une fois de plus, fatalement, tout me parut dérisoire. Toutes les petites admiratrices et secrétaires qui se succédèrent dans ma chambre me laissèrent vide ; c'était encore pire que de rester seul avec un bon livre. Le monde entier me semblait stérile, desséché ; un endroit invivable. Jusqu'au jour où me parvint la nouvelle stupéfiante que la mère de Connie avait quitté son mari et demandait le divorce. Inimaginable, pensai-je, tandis que mon cœur battait plus vite pour la première fois depuis des siècles. Mes parents se battent comme les Capulet et les Montaigu, et restent ensemble toute leur vie. Les parents de Connie s'entendent bien, boivent des martinis, se comportent en gens civilisés, et crac, ils divorcent.

Mon plan d'action devenait clair. Trader Vic's. Maintenant, il n'y aurait plus d'obstacles sur notre parcours. Bien qu'il dût rester entre nous le souvenir que j'ai été l'amant de Connie, aucune des difficultés insurmontables d'autrefois ne subsistait. Nous étions désormais deux êtres libres. Mes sentiments étouffés pour Emily Chasen, mais toujours ardents, s'enflammèrent une fois de plus. Peut-être qu'un cruel tour du destin m'avait éloigné à jamais de Connie, mais rien au monde ne pourrait s'interposer entre sa mère et moi !

Je téléphonai à Emily et lui fixai rendez-vous. Trois jours plus tard, nous nous retrouvions blottis dans la pénombre propice de mon restaurant polynésien favori, et, lestée de trois ʿBahias bien tassés, elle m'ouvrit son cœur sur l'échec de son mariage. Quand elle en arriva à évoquer une vie nouvelle, moins contraignante et plus ouverte à ses possibilités créatives, je l'embrassai. Elle fut effectivement déconcertée, mais ne cria pas. Elle joua la surprise mais je lui confessai mes sentiments pour elle et l'embrassai encore. Elle parut confuse, mais ne quitta pas la table, outragée. Dès le troisième baiser, je sus qu'elle allait succomber. Elle partageait mes sentiments. Je l'emmenai chez moi et nous fîmes l'amour. Le lendemain matin, quand les effets du rhum se furent estompés, elle me parut toujours aussi splendide, et nous fîmes l'amour encore et encore.

— Je veux que tu m'épouses ! lui dis-je, la dévorant des yeux avec adoration.

— Tu ne le penses pas vraiment, dit-elle.

— Si, c'est ce que je désire le plus au monde.

Nous nous embrassâmes et prîmes notre breakfast, riant et faisant des projets. Le jour même, j'appris la nouvelle à Connie, redoutant un éclat qui ne se produisit pas. Je m'étais attendu à toutes sortes de réactions, allant du rire ironique à la fureur noire, mais Connie prit la chose le mieux du monde. Elle poursuivait de son côté une vie sociale très active, sortant avec des tas d'hommes séduisants, et se faisait énormément de souci pour l'avenir de sa mère depuis que celle-ci avait divorcé. Et voilà qu'un jeune chevalier surgissait au bon moment pour prendre soin de la belle dame solitaire. Un chevalier qui, de plus, entretenait toujours de solides relations amicales avec Connie. Ce fut une explosion de joie générale. Le sentiment de culpabilité qu'éprouvait Connie à mon sujet pouvait enfin disparaître. Emily serait heureuse. Je serais heureux. Oui, Connie prit tout cela avec intelligence et humour, en fille bien élevée qu'elle était.

En revanche, mes parents se précipitèrent avec un ensemble parfait vers la fenêtre de leur appartement, situé au dixième étage, et se disputèrent à qui sauterait le premier.

— Je n'ai jamais rien entendu de pareil ! vociférait ma mère, déchirant sa robe et grinçant des dents.

— Il est fou ! Espèce d'idiot ! Vous êtes cinglés ! bégayait mon père, bleme et secoué de tics.

— Une *shiksa* de cinquante-cinq ans ! braillait ma tante Rose, saisissant un coupe-papier pour se l'enfoncer dans la gorge.

— Mais je l'aime ! protestai-je.

— Elle a plus de deux fois ton âge ! couina Oncle Louie.

— Et alors ?

— Alors, ce mariage n'est pas encore fait ! lança mon père, en invoquant la Torah.

— Il veut épouser la mère de sa petite amie ! ahana Tante Tillie avant de tomber évanouie.

— Cinquante-cinq ans, et *shiksa* ! hurla ma mère, en cherchant partout la capsule de cyanure qu'elle gardait pour de telles occasions.

— Mais qui sont ces gens ? Des moonistes ?

demanda l'oncle Louie. Ne l'auraient-ils pas hypnotisé ?

— Idiot ! Crétin ! fit mon père.

Tante Tillie reprit conscience, posa les yeux sur moi, se rappela où elle était, et repartit dans les pommes. À l'autre extrémité de la pièce, tante Rose, agenouillée, entonnait le *Sh'ma Yisroel*.

— Dieu te punira, Harold ! aboya mon père. Dieu scellera la langue à ton palais et tous tes moutons, tout ton bétail mourront, le dixième de tes récoltes pourrira sur pied, et...

Mais j'épousai Emily, et il n'y eut aucune épidémie de suicides. Le mariage fut intime, en présence des trois enfants d'Emily et d'une douzaine d'amis. La cérémonie eut lieu dans l'appartement de Connie, puis le champagne coula à flots. Mes parents auraient de loin préféré le sacrifice rituel d'un agneau, pour ne pas créer de précédent. Nous dansâmes, plaisantâmes et la soirée se déroula à merveille. À un moment, je me trouvai seul dans la chambre avec Connie. Par plaisanterie, nous évoquâmes les hauts et les bas de notre liaison, et la violente attraction sexuelle que j'avais éprouvée pour elle.

— C'était flatteur, dit-elle chaleureusement.

— Eh bien, tu vois, comme je ne pouvais plus faire l'amour avec la fille, je me suis rattrapé avec la mère.

L'instant d'après, la langue de Connie s'agitait dans ma bouche.

— Mais qu'est-ce que tu fais ? dis-je en la repoussant. Tu as trop bu ?

— Tu m'excites à un point que tu ne peux pas imaginer ! haleta-t-elle en m'attirant sur le lit.

— Qu'est-ce qui te prend ? Tu es devenue nympho-mane, ou quoi ? fis-je, me relevant, mais sans pouvoir dissimuler l'excitation que provoquait en moi son agressivité soudaine.

— Il faut que nous fassions l'amour ! Si ce n'est pas maintenant, ce sera pour plus tard !

— Avec moi ? Harold Cohen ? Le type qui t'ai-mait ? Qui a vécu avec toi ? Qui n'avait plus le droit de te toucher, même au bout d'un bâton tellement je te rappelais Danny ? Tu baiserais avec le symbole de ton frère ?

— Tout a changé, ne comprends-tu pas ? ronron-na-t-elle en se frottant contre moi. En épousant Maman, tu es devenu mon père !

Elle m'embrassa à nouveau, et murmura juste avant que nous ne rejoignions les invités :

— Ne t'inquiète pas, Papa, nous aurons des tas d'occasions !

Je m'assis sur le lit et regardai par la fenêtre en direction des espaces infinis. Je pensai à mes parents et me demandai si je ne ferais pas mieux d'abandon-ner ma carrière théâtrale et de retourner à l'école des rabbins. Par la porte entrouverte, je vis Connie et Emily, toutes deux heureuses, parlant gaiement avec les hôtes, et tout ce que je réussis à murmurer, tandis que je demeurais assis, immobile comme une statue de pierre, fut une vieille réflexion que prononçait jadis mon grand-père et qui est :

— Oy, zut.

Table

BRODARD ET TAUPIN À LA FLÈCHE (8-89)
D. L. FÉVRIER 1988. N° 9871-3 (1764B-5)

Collection Points

SÉRIE POINT-VIRGULE

Collection Points

SÉRIE ACTUELS